VALENTIN SPITZ

Après des études d'histoire, Valentin Spitz a travaillé pendant dix ans en tant que journaliste à France Inter, Direct 8 et RTL. Il est, depuis, devenu psychothérapeute après une reprise d'études et un master de philosophie et de psychanalyse. Dans son cabinet parisien, il reçoit principalement des adolescents, des enfants et des jeunes adultes, et exerce à la Maison de Solenn, maisons des ados au sein de la cellule psychodrame.
Il est l'auteur d'une biographie de Najat Vallaud-Belkacem, *Une gazelle au pays des éléphants* (First, 2012), ainsi que de *Montebourg, moi président...* (2014). En 2016, Valentin Spitz publie son premier roman, *Et pour toujours ce sera l'été*, aux éditions Jean-Claude Lattès. En 2018, il publie *Juliette de Saint-Tropez* aux éditions Stock, puis en 2019 *Éloge de l'imperfection parentale* chez Flammarion. En 2021, il publie *Un fils sans mémoire* dans la collection « Bleue » chez Stock. *Comment ne pas aller voir un psy avec son enfant* (cherche midi, 2020) est repris chez Pocket en 2021 sous le titre *Et si vous arrêtiez de vouloir être un parent parfait ?*.

# ÉVOLUTION

## Des livres pour vous faciliter la vie !

**Fabrice MIDAL**
*Et si de l'amour on ne savait rien ?*

**Habib SADEGHI**
*Détox émotionnelle*
La cure détox du mental et de l'émotionnel pour retrouver la santé et s'épanouir en 12 étapes

**Elle LUNA, Susie HERRICK**
*Manuel de défense à l'usage des jeunes femmes qui veulent se libérer des stéréotypes*

**Tara SWART**
*La Source*
Comprendre la loi de l'attraction pour atteindre enfin vos objectifs

**Anne Clotilde ZIÉGLER**
*Pervers narcissiques*
50 scènes du quotidien pas si anodines pour les démasquer et leur faire face

**Harvard Business Review**
*Cultivez votre intelligence émotionnelle*

**Hal ELROD**
*L'Équation du miracle*
Transformer le possible en certitude

**Ali REBEIHI et Christilla PELLÉ-DOUËL**
*Que dévoilent nos émotions ?*
Grand bien vous fasse : la vie quotidienne, mode d'emploi

**Éric BRUN-SANGLARD**
*Reconstruire sa maison intérieure*

**Valentin SPITZ**
*Et si vous arrêtiez de vouloir être un parent parfait*

# Et si vous arrêtiez de vouloir être un parent parfait

Valentin Spitz

# Et si vous arrêtiez de vouloir être un parent parfait

(en 10 histoires et en 10 épisodes)

cherche midi

Cet ouvrage a précédemment paru sous le titre :
*Comment ne pas aller voir un psy avec son enfant*



ISBN : 978-2-266-31359-9
Dépôt légal : juin 2021

# Introduction

Hier encore, un père m'appelle à 9 heures du matin, désemparé, perdu, me dit son « urgence » de me parler, faisant état de la « gravité » de la situation, demandant un rendez-vous « dans la journée »... Bien sûr, je rappelle. Car c'est mon métier.

Bien souvent, cependant, comme hier, je remarque qu'une discussion téléphonique suffit à calmer ce qui a motivé l'appel : l'angoisse et la culpabilité de ne pas être les parents qu'il faudrait être, ou que leurs enfants ne soient pas comme les autres. La peur de ne pas savoir faire, d'être de mauvais parents, attendant de moi que je leur dise ce qu'ils doivent mettre en place pour être justement de bons parents. J'irai même plus loin : pour être des parents parfaits.

Quand je dis « parents parfaits », je veux dire : bienveillants, à l'écoute, présents, drôles, toujours calmes et d'humeur égale... Ce qui est plus proche de la définition du robot de Google home, ou de Siri, que des êtres humains que nous sommes, avec des hauts, des bas, des forces, des failles, un corps, une histoire, des émotions.

Mais arrêtons-nous un instant sur le mot « bienveillance », qui, à mon avis, est celui qui a fait le plus de mal à l'éducation ces dix dernières années.

Pour être précis, le problème, ce n'est pas tant le terme que les théories éducatives qui l'ont perverti et ont transformé l'autorité en maltraitance, effaçant le fait que le rapport des êtres humains aux limites se construit dans leur enfance, puis leur adolescence, et que c'est cela qui va déterminer leur existence tout entière. Or ces théories font de nos enfants, nos ados, des petites porcelaines fragiles, que toute punition détruirait et qu'il faudrait emmener chez le psy au moindre souci pour ne pas qu'il soit « traumatisé ».

Une telle éducation, outre qu'elle génère de nombreuses angoisses, ne les prépare aucunement à la vie réelle, et la peur de mal faire, la culpabilité font des parents des proies pour tous ceux qui prétendent leur enseigner le chemin de la perfection. Les psys deviennent alors les gourous de cette « dictature », enseignant aux parents comment ils « devraient être »…

J'en reviens à mes appels désespérés du matin.

J'ai pu vérifier, dans ma clinique, que ce qui aidait les parents n'était pas forcément de faire à leur place, ou de leur donner un livre de recettes parentales prêt à l'emploi, pâte à pizza déjà préparée incluse, mais plutôt de les remettre à leur place de parents, au centre du jeu, en leur démontrant que la solution peut être en eux-mêmes. Et qu'ils sont tout à fait capables de préparer l'intégralité de la pizza eux-mêmes.

Entendons-nous bien : mon propos n'est pas de dire que nos enfants ne doivent plus aller voir de psy !

Je constate tous les jours, dans ma clinique et à la Maison de Solenn, où j'interviens chaque lundi, comme c'est utile. Mais je voudrais plutôt sortir du « tout psy » et de ce que j'appellerai les « psys magiques ». Outre que cela infantilise les parents, les dévalorise parfois aux yeux de leur progéniture (pourquoi eux n'y arrivent pas, et le psy si ?) et les rend dépendants de la parole du psy pour éduquer leurs enfants, ce travers n'est pas conforme à ce que je considère être comme essentiel dans notre éthique : nous sommes là pour qu'un jour nos patients puissent se passer de nous, pour qu'ils puissent vivre libres et responsables de leurs propres choix. Sans nous. Ados et enfants compris.

Par ce livre, je veux montrer aux parents que les meilleurs spécialistes de leurs enfants, ce sont eux-mêmes, et que la famille a bien souvent en son propre sein de quoi se renouveler, avancer et permettre aux enfants de s'épanouir, pour peu que l'on ait quelques clés, quelques pistes à suivre, comme celles que je propose ici.

Je veux enfin et surtout dire, raconter, que la meilleure manière de ne pas emmener son enfant chez le psy, c'est d'y aller soi-même, de s'occuper de soi, de s'écouter. Ce sera le fil rouge de cet ouvrage. Cette aventure à laquelle je vous invite à participer avec moi va durer dix semaines, correspondant à chacun des chapitres.

Alors, si vous sortiez votre agenda ?

On essaie ?

## PREMIÈRE SEMAINE

# Être des adultes épanouis

Un soir de janvier, Pascale[1], la mère d'une des ados que je suis toutes les semaines en consultation, arrive à mon cabinet.

Pour vous planter le décor, imaginez un divan rouge et une affiche de « Tintin chez le psychanalyste » au-dessus. Il n'y a pas à avoir peur de la psychothérapie – c'est un peu le message que je veux faire passer. Sur cette affiche offerte par mon oncle, c'est le capitaine Haddock le psy ; à côté de lui trône une bouteille de rhum. Tintin attend derrière la porte avec Milou.

J'ai moi-même un chien, Google, qui se révèle bien souvent un cothérapeute de génie : lui (je ne connais pas son secret) parvient toujours à faire parler les enfants ou les ados récalcitrants, en montant sur le divan ou avec quelques coups de langue.

1. Les prénoms de tous les patients ont été modifiés pour préserver leur anonymat.

Mon cadre de travail avec mes jeunes patients est à la fois rigide et souple : quarante-cinq minutes à une heure dans cette pièce ensemble. Pour le reste, j'invente presque une thérapie par ado et par semaine, car je sais que, pour installer la confiance, il faut les laisser s'exprimer avec les moyens qui sont les leurs. Je laisse aussi l'ado décider de la fréquence de la venue de ses parents. C'est la première phase que je travaille beaucoup avec les jeunes : l'autonomisation. Je les vois seuls chaque semaine et, s'ils le souhaitent, nous organisons une fois par mois (parfois plus, parfois moins, parfois pas du tout) une consultation avec les parents pour parler d'un point en particulier choisi par l'ado. C'est souvent un levier très intéressant sur le plan clinique, de voir comment l'ado se comporte avec ses parents dans la même pièce.

Ce jour-là, donc, Pascale s'assoit sur le divan rouge avec son ado de 15 ans, Nathalie, et je remarque tout de suite l'anxiété de la mère. Elle a les yeux cernés, les mains qui tremblent légèrement, une voix plus aiguë que d'habitude, et elle se ronge les ongles. J'ai déjà senti qu'elle était parfois déprimée, mais là, j'ai l'impression qu'un cap a été franchi, sans comprendre encore pourquoi.

Les sujets que nous abordons sont certes un peu lourds, pour cette mère qui s'inquiète pour sa fille (impossibilité à s'organiser, problèmes de comportements à l'école et à la maison). Pourtant, il n'y a rien de bien nouveau concernant Nathalie, et ces sujets, nous les avons déjà évoqués de nombreuses fois avec sa mère. En tout cas, il n'y a rien de particulier à noter dans cette séance – rien qui puisse apparemment justifier ce qui va advenir dans mon cabinet.

Car, au bout de trente minutes, parce que Nathalie n'a pas assez articulé en répondant à l'une de mes questions anodines, Pascale se met à sangloter, à crier, et à dire à sa fille des mots extrêmement durs, qui n'ont que peu de rapport avec ce qui est évoqué. Je demande alors à Nathalie de bien vouloir sortir quelques minutes de la pièce, car j'ai à parler à sa mère. Une fois la porte fermée, je pose une question – banale dans la bouche d'un psychothérapeute, mais qui a tendance (j'ai pu l'observer de nombreuses fois) à ouvrir les vannes de l'émotion : « Alors, qu'est-ce qui se passe ? »

Immédiatement, ce sont des torrents de larmes qui se déversent sur le divan et qui épuisent la boîte à mouchoirs bleue. Pascale ne parle déjà plus de sa fille, mais d'elle-même. Elle confie pêle-mêle ses difficultés de couple, l'impossibilité à trouver du temps pour elle, ce travail qui ne l'épanouit plus, cette meilleure amie avec qui elle s'est fâchée, son corps qu'elle n'aime plus, ses angoisses qui lui gâchent la vie… Mon intuition ne m'a pas trompé : il ne s'agit pas tant des souffrances de sa fille que des siennes.

Après un quart d'heure à l'écouter sans intervenir, je reprends la parole et dis à Pascale que j'entends ses difficultés, mais que cet espace est celui de sa fille. Je lui explique que je crois qu'elle a besoin de s'occuper d'elle, d'avoir un espace de parole rien qu'à elle ; autrement dit d'avoir son propre psychothérapeute. Je lui donne le contact d'un collègue et lui redonne rendez-vous pour la prochaine consultation familiale dans un mois.

Un mois plus tard, Pascale revient avec Nathalie. Elles ont toutes les deux l'air plus complices et moins tendues. J'apprends que Pascale a appelé ce psy que je lui avais conseillé, qu'elle l'a déjà vu quatre fois. Même s'il n'y a jamais de miracle et qu'il faudra attendre des mois pour qu'elle dépasse réellement ce qui la faisait pleurer, j'observe déjà un changement radical. Pascale parle moins d'elle, prend les provocations adolescentes de sa fille avec plus de recul, et nous pouvons consacrer l'intégralité de la séance à Nathalie. Bref, Pascale a trouvé une place, et cela lui fait un bien fou.

D'ailleurs, au fil des mois, tous les points qui étaient bloqués avec sa fille vont peu à peu se dénouer, comme par hasard. Nathalie, voyant que sa mère se prend en charge, vivra davantage sa vie, s'autonomisera, aura de meilleurs résultats en cours, et donc pourra vraiment grandir…

Ce qui me semble fondamental, à travers ce cas clinique – et ce sera le fil rouge de ce livre –, c'est de souligner le fait qu'éduquer un ado et que l'adolescence de son enfant – qui n'en est plus un – nous renvoient surtout des nouvelles de nous-mêmes, de ce qui a marché ou pas dans notre propre existence, de nos réussites, de nos échecs. Autrement dit, de ce qu'a été notre vie depuis quinze ans, depuis la naissance de notre enfant.

Voir son ado devenir adulte, aller vers l'autonomie, mène inévitablement à faire son propre bilan, et parfois à affronter des souffrances ou des questionnements que l'on aurait préféré ne pas rencontrer. Cela nous confronte aussi avec notre propre adolescence, que l'on croyait pourtant avoir bien cachée sous le tapis.

La règle numéro 1, pour ne pas aller voir un psy avec son enfant, c'est d'abord d'y aller soi-même. Demanière moins caricaturale peut-être (je ne suis pas un adepte du « tout psy »), je dirai que ce n'est pas forcément « aller voir un psy » au sens strict, mais c'est parler à un autre (ça peut être un généraliste, un ami, un coach) et, en tout cas, s'interroger sur soi-même, se prendre en charge, avoir du recul sur soi. Essayer autant que possible d'être un adulte épanoui.

Votre ado (et même votre enfant) doit comprendre que, même si vous êtes là pour lui, vous avez également votre vie. Arrêtez de mettre votre progéniture au centre de tout, demandez-vous ce dont VOUS avez envie, besoin… VOUS. Et c'est parce que vous ferez aussi cela que votre enfant ira mieux. C'est parce que vous allez vous aimer, vous occuper de vous-même que vous lui montrerez le chemin, que vous lui permettrez de devenir un adulte responsable. Par exemple, sortez avec votre conjoint(e) si vous préférez faire cela plutôt que de vous rendre à Disneyland, au cinéma ou au Salon du jeu vidéo.

Et dites-le à votre enfant : « Tu as ta vie, et j'ai aussi la mienne. Ne t'inquiète pas pour moi, je m'occupe de moi, je fais ma vie. Tu peux faire la tienne. »

## 3 **POINTS** À RETENIR

1. **Avant d'emmener votre enfant chez le psy, interrogez-vous sur vous-même.**
Pourquoi je réagis ainsi ? De quoi ai-je besoin ? Que pourrais-je faire autrement ? Est-ce que les places sont bien respectées dans notre famille ? Depuis combien de temps n'ai-je pas fait quelque chose pour moi ou ne suis-je pas sorti(e) seul(e) avec mon conjoint ? Depuis quand n'avons-nous pas fait l'amour ?

2. **N'ayez pas peur d'aller consulter.**
C'est terminé, le temps des psys « pour les fous ». Parfois, il suffit d'un rendez-vous pour dénouer des choses. Vous avez mal à la jambe ? Vous allez voir le médecin. Vous avez « mal à l'âme » ? Vous allez voir un psy…

3. **Écrivez dans un carnet sur votre adolescence, et parlez à votre ado intérieur.**
De quoi vous souvenez-vous ? Qu'est-ce qui était facile, difficile ? Au fil de la plume, quelles sensations physiques ou quelles émotions vous reviennent ? Ou bien est-ce que vous ne vous souvenez de rien ? N'oubliez pas que, pour éduquer son ado, il peut être utile de se remémorer l'ado qu'on était…

## DEUXIÈME SEMAINE

# La lettre entre parents

Quand j'ai commencé ce métier, j'étais comme tous les jeunes psys face à l'angoisse de la « salle blanche ». Mon planning de consultations était vide (ce qui est bien normal au début). Certes, j'avais appelé tous les généralistes du coin, m'étais inscrit sur des annuaires de psys, en avais parlé à tous mes amis, mes contacts, mais mon cabinet restait désespérément vide. J'allais attendre un mois entier et venir tous les jours « pour rien » avant qu'un premier patient passe la porte et vienne s'asseoir sur mon divan.

Ce jour-là, j'étais fébrile et, quand je lui ai serré la main, j'ai cru que le sol se dérobait sous mes pieds. J'ai eu envie de partir en courant. Je passe sur le fait que, quand je dis « mon cabinet », ce n'était pas encore exactement le mien, et que c'était en réalité mon père lui-même pédiatre qui me prêtait sa salle d'attente quand il quittait le bureau à 18 h 30…

Telles les bonnes fées de *La Belle au bois dormant*, j'avais alors dix minutes pour transformer en cabinet de psy cette pièce où attendaient d'habitude les patients de mon père, rangeant les magazines dans un placard, déplaçant les fauteuils et les canapés, allumant une bougie pour répandre une odeur agréable.

Beaucoup de choses ont changé depuis. J'ai pu louer un « vrai » cabinet « à moi », et je n'attends plus les patients. À mon grand regret, je suis même obligé d'en refuser, faute de place. À l'époque, au contraire, j'étais pendu à mon téléphone et je disais oui immédiatement. Il fallait bien gagner ma vie.

Mais c'est paradoxalement depuis que j'ai moins de place pour recevoir de nouveaux patients qu'une idée m'est venue et que, en la testant, je me suis rendu compte qu'elle était d'une redoutable efficacité et permettait parfois d'éviter une consultation, de régler en quelque sorte le problème, mais « gratuitement ». Cette idée présente surtout l'avantage de ne pas avoir à dire non – ce qui est toujours difficile quand une mère ou un père en détresse vous appelle. Elle a germé dans mon esprit après un échange avec deux jeunes parents.

Benjamin et sa femme, Clotilde, m'avaient contacté pour me demander de les recevoir « en urgence » avec leur petit garçon, Mathias, âgé de 6 ans. Depuis plusieurs mois, Mathias ne dormait plus, et la vie à la maison était devenue un enfer. Je leur avais expliqué que, hélas, je n'aurais pas de disponibilité avant trois semaines. Face à leur déception, une intuition m'est venue ; j'avais peut-être quelque chose à leur proposer d'ici là : une lettre. Ou plutôt deux lettres. Intrigué, le papa m'avait invité à lui en dire plus.

L'idée est assez simple, cela part du principe que les psys n'ont pas la science infuse, et qu'ils sont surtout là pour aider les parents et les enfants à trouver des solutions qui sont déjà en eux. En gros : à retrouver confiance et à se poser les bonnes questions.

Or, je sentais qu'ils en étaient capables, même dans cette phase difficile.

Il s'agissait donc pour les deux parents de s'écrire une lettre (cinq à dix pages chacun). Dans ces lettres, ils tenteraient de s'expliquer l'un à l'autre le plus sincèrement possible le problème pour lequel ils souhaitaient me consulter. Quand cela avait-il commencé ? Pourquoi ? Qu'est-ce qui était le plus difficile ? Comment le vivaient-ils ? Quelles solutions ou hypothèses imaginaient-ils ?

Une fois ces deux lettres écrites, envoyées, lues, digérées, je les invitais à prendre un rendez-vous entre parents, entre eux – par exemple dans un café qu'ils aiment bien, ou dans un bar d'hôtel cosy –, et à échanger sur ce qu'ils avaient entendu, compris de la lettre de l'autre. Je leur proposais donc de croiser leurs idées, leurs ressentis et leurs compétences.

Ce n'est qu'à l'issue de cette étape que je leur demandais de prendre un autre moment à deux et de m'écrire, ensemble, une lettre à quatre mains, m'expliquant ce que traversait leur fils et pourquoi ils voulaient me voir.

J'estimais que le processus devrait prendre en tout trois semaines à un mois. Je n'étais pas du tout sûr de moi, mais, quand les parents de Mathias m'ont rappelé un mois plus tard, c'était pour me dire que leur fils avait retrouvé le sommeil. Ils estimaient que, « pour l'instant », la consultation n'était plus nécessaire.

Je n'ai pas demandé plus de détails, et je n'ai jamais su ce qu'ils avaient découvert, ni pourquoi Mathias dormait de nouveau, mais j'ai de nombreuses fois reproduit ce système de lettres, et j'ai pu remarquer que, la plupart du temps, le problème se résolvait, en quelque sorte, de lui-même.

L'écrit a l'avantage, comme la thérapie, de permettre de prendre du recul et de mettre un peu à distance l'émotion. Elle permet aussi aux parents de renouer un dialogue riche et créateur, que bien souvent, avec les années et le quotidien, ils ont mis de côté, oubliant toutes les compétences qu'ils ont en eux.

Alors, on essaie ?

## **3 POINTS** À RETENIR

Avant d'emmener l'enfant chez le psy…

1. **On achète du beau papier et un stylo que l'on aime bien – il faut que l'encre glisse sur la feuille.**

2. **D'abord, sans en parler ensemble, on écrit cinq pages à l'autre parent** pour évoquer les problèmes que l'on traverse avec l'enfant ou l'ado. L'autre parent fait de même. On s'envoie les lettres. On les lit chacun de son côté.

3. **Quand on a fait cela, on prend rendez-vous dans un endroit que l'on aime, où l'on est bien.** On croise les infos, on échange. Éventuellement, si l'on est toujours bloqués, on écrit une lettre au psy. À deux.

## FIL ROUGE PARENTS
S'OCCUPER DE SOI

Une des phrases que je trouve les plus déprimantes
(que j'ai beaucoup entendue de mon père, et qu'il m'arrive souvent de prononcer) est la fameuse : « J'ai pas le temps. »
Rien de tel pour tuer les projets et les désirs !
À quoi cela servirait puisque, de toute manière,
« j'ai pas le temps » ?
Et si, au contraire, on réveillait nos désirs ?
Entre les enfants, le boulot, la maison, depuis combien de temps n'avez-vous pas pris un moment pour vous ?
Oh, je sais, vous allez dire : « Mais j'ai pas le temps ! »
Je sais, moi aussi, je n'ai pas le temps... Alors, le temps, prenons-le.
Allez, rédigez une liste de cinq activités qui vous font du bien mais que vous pensez « ne pas avoir le temps » de faire.
Puis choisissez-en une.
Eh, je ne dis pas une heure ! Commençons par dix minutes...
Consacrez dix minutes par jour à... ce que vous voulez !
Lire un roman, regarder une vidéo, etc. Dix minutes tous les jours, sans portable, sans interruption, c'est déjà merveilleux.
Alors, on essaie ?

## FIL BLEU
À FAIRE AVEC VOTRE ENFANT

Faites la même chose avec votre enfant.
« Si j'avais le temps, j'aimerais... »
Pourquoi, par exemple, ne pas lister ensemble cinq endroits où vous aimeriez emmener votre enfant et où lui aimerait aller ?
« Nous pourrions aller ensemble à... » Et faites-le !

## TROISIÈME SEMAINE

# Le débrief du soir

Quelque chose me frappe presque chaque fois que je reçois un nouveau jeune patient : dans notre monde, dans la vie, à la maison, on se parle de moins en moins. Combien de fois ai-je pu constater que mon cabinet permettait à des parents et des enfants (qui avaient pourtant l'air de s'aimer beaucoup, de partager des choses) de se dire des mots simples qu'ils ne se disaient plus jamais – ou plutôt qu'ils n'avaient plus le temps de se dire.

Ainsi, Leila, la mère d'Élie, 5 ans, m'a raconté un soir, son fils assis sur une petite chaise à côté d'elle, qu'elle rentrait à 19 heures à la maison, qu'il fallait relayer la nounou, donner à manger, regarder les devoirs du plus grand (tout cela seule, car le papa travaillait plus tard qu'elle).

Leila avait toujours du boulot en retard, et elle avait donc son smartphone sous les yeux pour répondre « en même temps » aux SMS et aux e-mails qu'elle n'avait pas pu traiter dans la journée. Leila s'occupait en général du bain d'Élie après le dîner, juste avant de le coucher. Or, depuis quelques semaines, Élie, auparavant plutôt sage, se mettait à hurler chaque fois que son corps touchait l'eau. Il pleurait, inondait sa mère, et cela avait déjà ruiné deux de ses téléphones. Leila se mettait en rage, le grondait, le punissait, et le père, qui rentrait excédé du travail, arrivait dans cette ambiance d'apocalypse, humide et tendue…

C'est dans ce contexte qu'ils avaient décidé de me consulter.

Étonnamment, le petit Élie que j'avais dans mon bureau était d'un calme olympien. Il écoutait sa mère d'un air sage. Une fois l'anamnèse[1] terminée, j'ai demandé à la maman (comme je le fais toujours) de me laisser seul avec Élie – ce qu'il a accepté sans problème –, afin que je puisse parler et jouer avec lui hors de la présence de Leila. Là encore, je n'ai rien noté de particulier. L'enfant avait un jeu imaginatif bien développé, un bon contact, mais, quand j'essayais de savoir pourquoi il se mettait dans un tel état avec maman, il ne me répondait pas. Non, vraiment, comme on dit dans notre métier, je ne trouvais aucun « grain à moudre ».

C'est vers la fin de la consultation qu'Élie a soudainement changé, quand mon portable (que j'avais oublié de mettre en mode vibreur) s'est mis à sonner. Élie a montré un tout autre visage, s'est approché du téléphone et l'a jeté par terre en pleurant.

---

1. L'anamnèse, c'est l'histoire du patient.

Je l'ai calmé, j'ai éteint l'objet sous ses yeux, et je lui ai demandé pourquoi il avait réagi de la sorte. C'est alors qu'il a dit : « Tu fais comme maman ! »

Ensuite, il n'a plus voulu rien dire et a souhaité que sa mère revienne. Ainsi, tout m'est apparu plus clairement.

Dans le récit que Leila m'avait fait, de son retour à la maison jusqu'au coucher d'Élie, il n'y avait aucun réel moment d'échange entre eux. Tout n'était que course et lutte contre le temps. Élie avait sans doute tenté de l'exprimer à sa mère, mais avec ses moyens provisoires d'enfant : en pleurant et en criant. Comme il l'avait fait avec moi, imaginant que, si mon téléphone sonnait, je n'allais plus lui prêter attention.

J'ai alors proposé quelque chose à Élie et à sa maman, un nouveau rituel, qui n'exige pas plus de dix minutes et que j'appelle le « débrief du soir ». Avant de dormir ou de lire une histoire, par exemple, ou bien même immédiatement en rentrant du travail, prendre un moment – dix à vingt minutes – entre maman et/ou papa et l'enfant (juste tous les deux, ou tous les trois), éteindre le téléphone, éviter toute pollution, les radios et autres Google home, et se parler simplement, en évoquant un temps fort de la journée.

L'idée, c'est de raconter ce qu'on a préféré et de demander à son enfant de faire de même. À l'école, au parc, avec les copains… Vous lui racontez quelque chose qui vous a plu, que vous avez aimé, qui vous a fait penser à lui. On prend ainsi l'habitude de se retrouver et de finir la journée sur une note positive. On institue une routine revitalisante, et on passe un temps de qualité avec son enfant. Car la quantité n'a aucune importance ! Passer une heure avec votre enfant si vous ne l'écoutez pas parce que vous êtes sur votre portable n'a aucun intérêt.

Même si cela ne dure qu'une heure, soyez à 100 % avec lui. Regardez-le, écoutez-le, embrassez-le, parlez-lui... Vous verrez à quel point cette heure uniquement dédiée à votre enfant sera riche, foisonnante, vivifiante, pour lui et pour vous. (Bien sûr, vous aurez commencé par ranger votre portable, en mode avion.)

Pour prendre conscience à quel point cette heure est importante, vous pouvez plus tard vous accorder quelques minutes pour écrire ce que vous avez vécu et ressenti avec votre enfant. Même lorsque l'on travaille beaucoup, passer ne serait-ce qu'une heure par semaine en totale communion avec votre enfant suffit. Pour peu que, pendant cette heure, il soit bien le centre de votre monde.

Ces conversations n'ont pas besoin d'être longues, mais elles vous permettent d'être en connexion quotidienne et de vous sentir à jour sur la vie et les émotions de votre enfant. Revoir les temps forts de la journée est une habitude à prendre, qui permet de se forger de beaux souvenirs. Cela mettra votre enfant en confiance, et l'incitera à vous parler et à se confier plus facilement en cas de besoin. En somme, c'est un espace de régénération « fait maison ».

Ajoutons à cela que c'est aussi l'occasion d'échanger sur de futures activités à faire ensemble.

Pourquoi ne pas en finir avec les fins de journée exténuantes et grincheuses ?

Alors, on essaie ?

## **3 POINTS** À RETENIR

1. **En rentrant à la maison, apprenez à appuyer sur pause.** Vous verrez que, contrairement à ce que nous dictent nos croyances, cela vous fera gagner du temps.

2. **Prenez dix minutes pour vous isoler avec votre enfant,** par exemple avant qu'il dorme.

3. **Là, racontez-lui un temps fort, ce que vous avez préféré dans la journée et incitez-le à faire de même.** Renouvelez l'expérience tous les jours à la même heure.

## QUATRIÈME SEMAINE

# Les vingt minutes où on se dit tout

Un mardi de début de printemps, j'ai reçu au cabinet Xavier et son fils Lucas, 15 ans. Xavier avait pris rendez-vous avec son ado, car, disait-il, plus aucun dialogue n'était possible entre eux deux.

Quand je rencontre le jeune homme, je constate son apparente nonchalance, qui me semble cependant très travaillée et assez typiquement « ado ». Son regard et son attitude me défient dès les premières secondes. Lucas a les jambes écartées, mâche un chewing-gum et enlève ses chaussures dès qu'il pose ses fesses sur le divan. Par ailleurs, Lucas dégage une forte odeur de transpiration.

De sa relation avec ses parents, Lucas ne veut rien dire. Je n'arrive à lui extorquer que de vagues borborygmes pouvant se résumer à « me cassent les couilles », et nous dévions alors sur un autre sujet : les jeux vidéo, sa grande passion.

Même s'il ne veut apparemment rien me confier de sa place dans sa famille, rien lâcher sur son père ou sur ce qu'il ressent, il m'apparaît, à travers les jeux auxquels il joue (jeux de guerre), et la place qu'il y prend (soldat solitaire tirant sur tout ce qui bouge, ne restant jamais avec son groupe), que le monde intérieur de Lucas est empreint d'une forte angoisse et d'un besoin d'être entendu. J'ajoute que ce qui a déclenché la prise de rendez-vous (auquel père et mère pensaient depuis un moment), c'est un tatouage que Lucas s'est fait faire sur l'avant-bras et qui tient en sept lettres : « *fuck you* ».

Quand le père entre à son tour dans le cabinet et s'assied à côté de son fils, je ressens toute son anxiété, et aussi la rivalité et la défiance entre le père et le fils. Ses deux-là ne se sont pas parlé depuis longtemps, et ça se voit. On a presque le sentiment qu'ils vont en venir aux mains.

Xavier évoque les longs moments de silence de Lucas cloîtré dans sa chambre, et les dîners de famille auxquels il ne participe plus. Finis, les échanges père-fils sur leur passion commune, le foot. Terminés, les matchs du PSG ou les séances de natation du dimanche matin !

J'essaie de comprendre ce qui se passe, sachant qu'en cours et avec les copains, en revanche, tout va bien pour Lucas. J'observe dans l'interaction que ce père est dans l'incapacité totale de prendre du recul et qu'il réagit en miroir à chacune des provocations de son fils, mais sans lui poser de limite réelle pour autant. Je lui demande alors s'il a « peur » de son fils.

« Oui, dit-il d'une voix étouffée, déclenchant un rire de Lucas.

— Peur de lui parler ? peur de ce qu'il aurait à vous dire ?

— Oui. »

C'est là que Lucas, une fois passé le sarcasme, marmonne quelque chose – que je lui fais répéter.

« De toute façon, ça sert à rien de lui parler, j'ai pas envie. Il en a rien à foutre !

— Mais tu aurais envie de dire des choses à ton père ? demandé-je.

— Je sais pas…

— Tu es certain que tu n'as pas envie de lui parler ? Moi, j'ai plutôt le sentiment que tu es en colère contre lui…

— Oui, c'est vrai… En fait, j'aurais envie de lui parler mais il ne comprend rien. »

On touche là, je crois, à un point fondamental du rapport avec nos ados : leur ambivalence absolue. Ils sont tout à la fois dans ce besoin de faire descendre l'adulte de son piédestal, de montrer qu'ils ne sont plus des enfants, et en même temps dans un besoin que nous, les adultes, puissions les soutenir.

Il faut ainsi ne pas perdre de vue qu'en langage ado, le fait de paraître désagréable, de ne pas se laver, de ne pas parler, peut être une manière paradoxale de dire : « J'ai besoin de toi. » Et même une façon de solliciter un positionnement de la part des adultes, afin qu'ils prennent ou reprennent leur place d'adulte, c'est-à-dire celle de garant de l'autorité et du cadre.

Il faut alors être capable de voir au-delà des trois ou quatre barrières que l'ado met entre lui et nous (comme l'odeur de Lucas).

Xavier, le père, épuisé par son fils (et on le comprend !), s'est mis à avoir peur de lui et à le considérer « vraiment » comme ce « petit monstre qui a du poil aux pattes » que Lucas met tant d'énergie à incarner. Au contraire, il est essentiel de ne pas avoir peur de votre ado.

D'où l'idée des vingt minutes où on se dit tout.

Prenez un chrono et mettez-le sur la table. Faites venir votre ado (par les pieds si nécessaire) et invitez-le, pendant vingt minutes, à dire tout ce qu'il vous reproche, tout ce qui ne va pas – tout ce qu'il veut, sans l'interrompre !

Cependant, quoi qu'il arrive, au bout de vingt minutes, arrêtez-le et répondez-lui avec vos mots. Dites-lui que vous comprenez qu'il y ait des choses qui n'aillent pas, qu'il soit insatisfait, que vous serez toujours prêt à discuter avec lui… mais qu'il y a des limites qu'il ne peut pas dépasser, et énoncez-les-lui.

En tant que parent, il est sous votre responsabilité. Positionnez-vous comme tel, écoutez-le, mais gardez la liberté de lui déplaire. Ne vous remettez pas en cause outre mesure, tenez la barre.

Bien sûr, il va y avoir le fameux « Mais tu ne comprends rien ! ». C'est une impossibilité nécessaire, et dites-vous bien que le dialogue avec votre ado n'a pas forcément à être totalement satisfaisant. Au contraire – et on en revient au paradoxe adolescent.

Car dans ce dialogue s'affrontent deux besoins contradictoires : celui de provoquer les parents, de leur rentrer dedans, d'affirmer sa différence, et celui de continuer à dépendre d'eux, de maintenir le lien.

Pourtant, pour l'ado, ce dialogue est nécessaire, même s'il a des allures de guerre de tranchées.

Et vous verrez qu'avec un « on se dit tout » par semaine, des choses se dénoueront d'elles-mêmes, et le dialogue – qui au départ pourra parfois ressembler à un dialogue de sourds nourri d'incompréhensions mutuelles – continuera malgré tout, simplement parce que votre ado a besoin que vous entendiez qu'il est essentiel, pour lui, de se sentir incompris...

C'est l'affirmation sous-jacente qu'une part de lui vous échappe. En somme, c'est le début de l'autonomie !

À travers ce « on se dit tout », les parents que vous êtes ne servent pas du tout à rien (contrairement à ce que disent les ados rebelles). Les parents sont aussi là pour prendre des coups (symboliquement, bien sûr), un peu comme un mur, une limite sur laquelle l'ado va pouvoir s'appuyer pour traverser toutes ses transformations.

Le plus important est que vous « surviviez » à cette tension agressive et que vous compreniez que, au fond, ce n'est pas vous que l'ado vient remettre en cause ; cette tension est bien plutôt une expression de l'angoisse profonde qu'il ressent.

Vous ne devez jamais abandonner/vous défaire de votre fonction parentale, ni vous dérober. Vous ne devez pas non plus vous montrer indifférent : c'est en général la pire des choses, car cela apparaît à l'ado comme une démission ou un renoncement.

Survivre implique également la capacité à rester sensible ; dans ces « vingt minutes où on se dit tout », vous pouvez signifier que vous êtes touché. Vous pouvez – et vous devrez – aussi lui montrer vos limites. S'il dépasse les bornes, dites-le-lui. Vous n'êtes pas un robot, et voir que vous ne pouvez pas tout accepter l'aidera à grandir. Gardez en tête (souvenez-vous de Lucas) que, derrière ses grands airs, l'ado est surtout un être vulnérable qui n'a pas conscience de ses limites.

Et il y a une explication physiologique à cela : tout se passe juste derrière le front, dans les lobes frontaux, où se trouve la zone la plus importante du cerveau humain, là où se loge ce que l'on appelle la « fonction exécutive », c'est-à-dire le jugement et le contrôle des impulsions. En gros, c'est l'endroit où les actions sont pesées, les situations jaugées, les décisions prises, où siège notre capacité à comprendre, à planifier, à évaluer les dangers et le risque, et où se niche la conscience de soi. Comme le cerveau se développe de l'arrière vers l'avant, pendant l'adolescence, les lobes frontaux sont les moins matures et les moins connectés comparés aux autres lobes, ce qui signifie que cette zone cérébrale est la dernière à se former complètement chez votre ado. Si le câblage des lobes frontaux est le dernier à atteindre la maturité, c'est qu'il s'agit du câblage le plus complexe et que, donc, la fonction exécutive de nos jeunes se déploie lentement (« Troooop lentement ! », me direz-vous).

Bref, voilà pourquoi vous devez jouer le rôle des lobes frontaux de votre adolescent jusqu'à ce que le « câblage » soit achevé et qu'ils soient autonomes.

Le parent reste donc pour l'ado un refuge privilégié. Il veut être indépendant et autosuffisant mais, en même temps, il a un besoin profond de sentir que le repaire (et le repère) parental est là, comme une forme de permanence de l'objet qui lui permettra d'aller découvrir la vie. L'ado ne cherche pas un copain ni un double, mais une limite, une structure d'où partir et à laquelle revenir – en somme : une base de sécurité. Il lui est essentiel/nécessaire de s'opposer à vous pour s'autonomiser (on va y revenir).

À l'inverse, la rigidité et l'hostilité systématiques ne permettent pas à l'ado de faire l'expérience de ce dialogue, car le conflit est trop intense, cela l'oblige à renoncer, ou à fuir. En résumé, il faut accepter l'idée que ce dialogue soit rarement satisfaisant, tout en le poursuivant… Il est sain de ne pas être d'accord, de ne pas avoir les mêmes idées. L'ado a besoin de vous entendre parler pour construire sa propre pensée et trouver sa voie.

En ce qui concerne Xavier et Lucas, ces vingt minutes, aussi « sportives » et viriles qu'elles aient été, ont pu être le point de départ d'une nouvelle relation père-fils. Dans la thérapie de Lucas, elles ont également marqué un nouveau départ : s'étant enfin senti entendu par son père, Lucas a pu s'autoriser à parler plus librement en thérapie avec moi. Les mots, même avec des éclats de voix, avaient repris un sens et une utilité.

## **3 POINTS** À RETENIR

1. **Votre rôle de parent d'ado en quelques mots-clés :** Refuge/contenir/limites (qui permettent des expériences et une exploration)/prendre des coups/survivre.

2. **On évitera à tout prix le renoncement, qui serait vécu par l'ado comme une indifférence,** un abandon, mais aussi et à l'opposé l'autorité rigide.
N'ayez pas peur de permettre à votre ado, pendant ces « vingt minutes où on se dit tout », de balancer ce qu'il a sur le cœur, de faire l'expérience avec vous, contre vous, du dialogue et du conflit verbal. Ne le prenez pas personnellement : il se parle surtout à lui-même. C'est en se confrontant à vous, en apprenant à mettre des mots sur ses émotions, que votre ado aura le plus de chance d'éviter les passages à l'acte, le repli sur soi ou le renoncement et la dépression.

3. **À votre tour, usez de vos « vingt minutes où on se dit tout », mais utilisez-les comme un adulte, et pas comme un ado.**
Si votre ado a pu partir dans tous les sens, s'énerver, exagérer, provoquer, montrez-vous à votre place d'adulte, de parent, et ne réagissez surtout pas en miroir de lui. Agissez. Cela ne vous empêche pas de faire preuve de sensibilité, de dire que telle ou telle chose vous a blessé, mais avec vos mots et à votre place… Vous n'êtes pas là pour lui plaire mais pour l'élever, l'autonomiser, pour qu'il puisse un jour se passer de vous.

Reproduisez l’expérience toutes les semaines – vingt minutes pour lui, vingt minutes pour vous. Vous verrez que, peu à peu, avec le temps, les choses s’apaiseront. Peut-être même que, quand votre ado aura enfin traversé la plus grosse phase de turbulence, vous pourrez par exemple retourner sereinement au resto ensemble !

Alors, on essaie ?

**FIL BLEU**
À FAIRE AVEC VOTRE ENFANT

C'est une douleur universelle que nous connaissons tous : la fin des vacances. Quitter l'eau salée, l'air de la montagne, les nuits qui n'en finissent pas, le rosé, les copains, pour retrouver notre doux broyeur : le quotidien. Les écrivains, les psys le vivent aussi, ne vous faites pas d'illusion… J'aime infiniment mon métier, les mots, mes patients, mais, comme vous, les premiers jours de travail sont difficiles, et il m'arrive de rêver de repartir ou de rester là où je m'étais évadé.
Comment faire pour conserver l'effet des vacances ?
Voici trois idées pour nourrir votre créativité. Libre à vous de compléter cette liste par vos propres envies, et de la partager ! J'ai créé pour cela un compte sur Instagram (lauto_psy) : n'hésitez pas à m'écrire pour me raconter.

## Se remémorer ses vacances

D'abord, il y a ce que j'appellerai le « travail de mémoire ». Les zappeurs que nous sommes ne font quasiment plus développer leurs photos. Ce n'est pas que nous n'en prenons plus (au contraire) ; c'est plutôt que les 534 photos de nos vacances sont enfermées dans nos smartphones, et que, dès le pied posé à la maison, nous les oublions.
C'est le pendant négatif de notre société de l'immédiateté et de l'oubli. Faites vous-même le test en regardant vos photos de vacances d'il y a un an. Vous serez surpris de toutes les merveilles qui y dorment !
Et si vous preniez quelques heures un week-end pour les classer et les sélectionner ? En quelques clics, vous pouvez ensuite les faire imprimer (de nombreuses applis le proposent, certaines même gratuitement) et vous les faire envoyer.
Encore mieux : vous pouvez prévoir un après-midi dans un magasin de photos et imprimer directement celles

de votre choix. C'est une sortie à faire avec toute la famille pour se remémorer les grands moments des vacances. Cela a de nombreux avantages, comme permettre à notre cerveau d'« atterrir » en adoucissant le retour au réel. Ensuite, rangez-les dans un album avec vos enfants et/ou votre conjoint. Les albums photo peuvent paraître ringards, mais, à mon sens, ils sont essentiels. Ils forment le roman de votre vie, de votre famille ; ils sont votre mémoire. C'est une belle façon de créer et de mettre en lumière une narrativité et une histoire communes. Ainsi, au cœur de l'hiver, vous pourrez les rouvrir ensemble, vous remémorer. Pourquoi ne pas aussi faire imprimer en grand votre plus belle photo, un paysage par exemple, que vous accrocherez dans votre salon ou au bureau ?

## Penser aux prochaines vacances

« Encore… », comme disait le psychiatre Lacan. Alors pourquoi ne pas songer à vos prochaines vacances ? Voire déjà les planifier ?!
Après l'album photo, relancez la boîte à désirs en pensant à la suite. Rien ne vous interdit d'aller traîner à la librairie et de vous acheter un guide de voyage… ou de lire ce roman qui se déroule en Papouasie. En ce qui concerne la boîte à désirs, pourquoi ne pas en construire une en carton avec votre enfant, où chacun glisserait des petits mots avec la destination de ses rêves ?

## Apprécier sa vie

Parce qu'on ne peut pas être tout le temps en vacances, parce qu'il faut bien gagner sa vie, parce que le réel, c'est le quotidien… Et si le secret des vacances éternelles, c'était d'aimer sa vie telle qu'elle est ?

Profitez de la déconnexion que ces vacances vous ont offerte pour opérer une remise à plat : chaque jour, offrez-vous un café le matin, accordez-vous trente minutes, prenez un cahier, et écrivez. Que vous ont apporté ces vacances ? Qu'aimeriez-vous changer dans votre vie de tous les jours pour qu'elle soit plus douce, qu'elle ait plus de sens ? Que pourriez-vous faire autrement, ici et maintenant (et pas seulement aux prochaines vacances) pour vous sentir davantage à votre place ? Et si, justement, le secret des vacances éternelles et de la joie, c'était de rester comme sur ce petit sentier de randonnée, face au soleil, en exploration et à l'écoute de vous-même ?

## L'arbre généalogique

Dans la même veine, dans l'idée de perpétuer la mémoire, il y a un jeu très intéressant que je fais avec les enfants, et que vous pouvez faire avec les vôtres : l'arbre généalogique. Donner des outils, c'est aussi lui transmettre l'histoire dont il est issu, celle de son papa et de sa maman et de ceux qui sont nés avant eux. Avec votre enfant, vous pouvez donc prendre une grande feuille et dessiner les deux branches, et enfin inscrire sa propre place avec sa date de naissance.

Cet exercice a beaucoup d'avantages. D'abord, il développe la confiance de votre enfant, qui se sent appartenir à cette grande histoire familiale. Cela peut également le rassurer en l'aidant à se situer, en particulier si c'est une grande famille. Plus tard, pour les ados, cet arbre leur permet aussi de prendre leur envol : que l'on rejette ou que l'on se réfère à sa famille, elle est une base de sécurité dont on peut décoller et à laquelle on peut revenir, un peu comme un aéroport. La liberté, c'est aussi de savoir d'où l'on vient. Pour construire sa propre histoire, il est utile de

connaître le passé. (C'est compliqué de regarder la saison 4 d'une série sans avoir vu les précédentes...)
Sur Internet ou à la librairie, vous trouverez des modèles d'arbres ; libres à vous ensuite de le faire avec votre enfant en couleur, ou en représentant les membres de la famille par des animaux. Vous pouvez également coller des photos.
Et puis, après tout, s'il vous manque des informations, allez mener l'enquête parmi vos proches ! Qui sait, vous aussi allez sans doute découvrir des choses.

## FIL ROUGE PARENTS
S'OCCUPER DE SOI

Il est un exercice formidable que j'utilise beaucoup avec les parents fatigués ou qui ont du mal à comprendre leur enfant (cela marche aussi avec les ados, j'y reviendrai). L'idée, c'est de se mettre à la place de son enfant en se reconnectant avec sa propre enfance.
Prenons par exemple les rituels (papa qui m'emmenait à l'école, les vacances d'été en Italie, la glace du mois de juin...). De quels rituels de votre enfance gardez-vous le meilleur souvenir ? Et quel petit rituel pourriez-vous inventer aujourd'hui pour votre enfant ? Pouvez-vous intégrer à sa vie l'une des expériences chères à votre enfance, poursuivant ainsi la tradition ?
Le grand bénéfice de cet exercice est de vous permettre de prendre du recul. Essayez de vous remémorer les sensations, les pensées lorsque le monde est vu à hauteur d'enfant, et ce que cela peut provoquer comme joies et comme angoisses... En apprenant à entendre à nouveau la voix de votre enfant intérieur, en vous écoutant, vous serez alors plus à l'écoute de votre enfant, de ses émotions.
Pour cet exercice, il est tout à fait possible de passer par le biais des histoires. Essayez d'en raconter une à votre enfant qui concerne l'enfant que vous étiez. Cela peut être à propos de tout et n'importe quoi, long ou court. Si vous n'arrivez pas à trouver de thème, proposez à votre enfant de vous en souffler un au sujet de son quotidien, avec vous ou à l'école. Quand vous aurez terminé, demandez-lui de vous dire à son tour une histoire sur ce qu'il imagine de la vie de parent. Et écoutez vraiment ce qu'il a à raconter. Qu'apprenez-vous ? Êtes-vous surpris ? Avait-il plus à dire que ce que vous auriez cru ?

## CINQUIÈME SEMAINE

# Les épreuves de la cour de récré

Un samedi matin a débarqué dans mon cabinet le petit Marc, 7 ans. Marc était un garçon tout à fait impressionnant pour son âge. Au contraire des autres enfants qui ne peuvent rester statiques sur le divan et qui vont dessiner ou me demandent s'ils peuvent prendre le Batman que je laisse traîner sur l'étagère, Marc, lui, s'est assis sur le divan et a commencé à parler, comme un grand. Il m'a raconté pourquoi il venait.

Sa maman avait pris le rendez-vous parce qu'il était très anxieux, sans savoir pourquoi. J'ai vite compris qu'il savait en fait très bien pourquoi, mais que le problème était plutôt qu'il ne parvenait pas à en discuter avec ses parents.

Marc était un enfant précoce, cela ne faisait aucun doute. Et quand sa mère est entrée dans la pièce, elle a expliqué qu'il avait tout fait très vite (« marcher, parler, lire, etc. ») et que, eux, ses parents, avaient toujours eu l'impression que Marc n'était pas vraiment un enfant. Il est vrai que le petit, juché sur le divan, avec ses lunettes rondes, ressemblait à un « mini-adulte ».

À un moment, la mère a prononcé le mot « autonome ».

« Il est incroyable, car il a tout de suite été autonome. C'était exactement ce qu'on voulait. »

J'ai alors appris tout ce que les parents avaient fait pour le stimuler, l'« autonomiser »... Ils l'avaient si bien fait que leur petit garçon avait fini par oublier qu'il n'était qu'un enfant, qu'il pouvait parler de ses problèmes à ses parents, et même leur demander de l'aide.

Or, jusqu'à ce que sa mère entre dans la pièce, il ne lui avait jamais confié ce qu'il venait de me dire quelques minutes avant et qui était la cause de tant d'anxiété : il était harcelé quotidiennement par d'autres jeunes garçons.

Mais faisons un petit détour par le dictionnaire avant de revenir au cas de Marc...

Quand je parle avec les parents, j'aime bien partir des définitions des mots. Je trouve qu'elles aident à comprendre, comme des lumières sur un chemin de brouillard. Quand moi-même je suis un peu perdu, j'aime revenir à la signification des mots. L'« autonomie », par exemple, eh bien, c'est la possibilité pour un individu de décider. L'enfant est « autonome » lorsqu'il peut décider seul, sans vous, ses parents, pour ce qui le concerne. Non seulement lorsqu'il a le choix, donc, mais aussi lorsqu'il a les capacités de transformer ses choix en actes et d'en assumer les conséquences.

Pour être plus précis et pour rentrer dans le domaine de l'éducation, le sens du mot « autonomie » serait la « capacité à faire seul ». On parle ainsi d'autonomie dans les champs de l'alimentation, de l'habillement, du jeu.

J'aime partir des définitions pour lancer la réflexion, pas pour figer les choses. Ce serait d'autant plus inutile, en ce qui concerne l'autonomie, qu'elle est par nature dynamique, permanente, imparfaite – et au fond jamais terminée.

Le premier geste d'autonomie intervient dès la naissance, lorsque le bébé essaie de contrôler les mouvements de son corps (prenez quelques secondes : souvenez-vous de votre bébé. Ça y est ? Vous voyez ce que je veux dire ?). L'autonomie, dans la petite enfance, va commencer par l'autosuffisance ou l'automaternage, c'est-à-dire les comportements permettant de se prendre en charge, de s'habiller, de s'alimenter et d'être propre. Dans le rapport au corps, au mouvement, l'enfant obtient des premières victoires d'autonomie lorsqu'il est capable de tenir sa fourchette, de se vêtir seul ou d'aller aux toilettes quand il en a envie. Plus tard, j'y reviens juste après, ce sera la capacité à se débrouiller face aux aléas de la vie, à s'adapter, à faire preuve de ce que j'appellerai l'« intelligence de vie ».

Ayez en tête que l'enfant est doté d'une pulsion spontanée, naturelle (il faut toujours faire confiance à la nature et revenir au corps quand on est angoissé) visant à gagner son autonomie, comme tous les petits mammifères. Ainsi, si trop de peurs ne viennent pas entraver le mécanisme, si l'enfant est bien accompagné et soutenu, il va parcourir le chemin de l'indépendance à son rythme.

Cela étant dit, l'autonomie est tout sauf une ligne droite qui serait la même pour tout le monde. Il faut vous autoriser et autoriser à votre enfant des avancées et des retours en arrière. La croissance, la maturité, l'autonomie, c'est trois pas en avant, deux pas en arrière, un pas de côté, un coup d'accélérateur, du surplace… Certes, il serait plus rassurant que la croissance soit progressive, identique pour chacun, avec son lot de nouveautés et des repères normés. Mais ce n'est pas le cas. Chaque enfant est singulier, chaque histoire est unique.

Le développement de l'enfant, l'autonomie suivent donc deux directions paradoxales. D'un côté l'expansion, la curiosité, l'envie de découvrir, la pulsion d'autonomie que j'évoquais. De l'autre, une forme de rétraction, liée au sentiment de sécurité et au confort ressenti quand on reste dans ce que l'on connaît bien. Si l'enfant se sent en sécurité, le désir d'explorer finira toujours par l'emporter !

Prenons une image : celle du jardin. On ne peut forcer sa croissance même si l'on doit s'en occuper et l'arroser régulièrement. En thérapie, c'est pareil : nous ne pouvons pas « forcer » le travail thérapeutique, nous avons à respecter le temps psychique du patient. Il n'y a que lorsqu'il sera prêt à parler, prêt à entendre, qu'il pourra faire des choix.

Nous avons évoqué les premiers pas d'autonomie du bébé et du petit enfant. Mais il y a une autre autonomie qui me paraît aussi, voire plus importante que celle du corps, c'est la capacité de l'enfant à se débrouiller seul sur le plan psychologique – ce que j'appelais l'« intelligence de vie ». Cela s'amorce par exemple par le fait de pouvoir jouer seul, de rester un moment tranquille dans la chambre, ou de s'endormir le soir dans son lit. Ces comportements sont vitaux pour l'enfant, car ils lui permettent de commencer à se situer comme individu indépendant et capable dans la famille et la société, de trouver sa place.

Pour que vous compreniez mieux ce que j'essaie de dire, revenons-en à Marc, 7 ans. Attention à ne pas tomber dans un écueil courant, celui de vouloir faire grandir trop vite votre enfant et le responsabiliser trop tôt. Il pourrait en oublier qu'il a le droit d'avoir besoin de ses parents, et aussi qu'il a le droit d'être anxieux et de ne pas savoir gérer une situation.

Dans le cas de Marc, il découvrait dans la cour de récré que parfois on ne maîtrise pas tout parfaitement du premier coup, même quand on est très intelligent, car il y a une inconnue dans l'équation : les petits autres. Marc découvrait qu'on est toujours différent des petits autres, les autres petits garçons et petites filles, inférieurs ou supérieurs sur certains points. Il découvrait qu'il fallait composer avec eux et que, quelquefois, ils acceptent mal qu'on ne soit pas comme eux. Certes, l'intelligence « intellectuelle » est un vrai plus, mais elle peut aussi s'avérer être un handicap, car elle peut couper des autres, et donc empêcher de développer d'autres intelligences essentielles dans la vie en société : l'intelligence émotionnelle et l'intelligence relationnelle, c'est-à-dire l'intelligence de vie.

Ainsi, Marc, en levant toujours la main, en donnant toujours les bonnes réponses à la maîtresse, ne comprenait pas qu'il ne laissait pas de place aux autres. Il faisait l'apprentissage à 7 ans qu'il ne savait pas tout, et que parfois la violence des autres enfants met à rude épreuve notre confiance en nous. Pourtant, c'est aussi à travers ce que j'appelle les « épreuves de la cour de récré » que l'enfant va apprendre à se comporter en société, à suivre les règles du monde, à faire sa place, à se faire respecter…

À Marc, qui restait silencieux devant les attaques de ses camarades, j'expliquai ainsi qu'il avait le droit de répondre (sans frapper, bien sûr) et de mettre des limites. Et que j'avais confiance en lui, en sa capacité de trouver les ressources en lui pour faire face.

Cela étant dit, et comme cela me paraissait indiqué avec Marc, vu la violence quotidienne qu'il subissait, nous avons parlé avec sa maman et j'ai conseillé à celle-ci d'aller discuter avec les autres « adultes » de l'école. J'ai expliqué à Marc que, tout comme lui, les autres enfants apprenaient les règles de la vie (et que c'était un peu comme un grand jeu de société). Quand certains d'entre eux, comme ceux qui l'embêtaient, allaient trop loin, les adultes étaient là pour leur inculquer les règles. C'était normal. Si les enfants n'apprenaient pas ces règles dès maintenant, plus tard ce serait encore plus grave. Les adultes étaient punis quand ils agissaient ainsi, et parfois même allaient en prison.

Dans les cas extrêmes, mais courants, comme celui-ci, l'adulte doit protéger l'enfant, prendre sa place d'adulte, mais il faut le faire à bon escient : pour lui permettre ensuite d'être autonome et de savoir se faire respecter seul. Il ne s'agit pas de le couver éternellement mais de lui apprendre à voler un jour de ses propres ailes.

J'ai également suggéré que Marc, qui ne pratiquait que des sports individuels avec un professeur (allez savoir pourquoi, j'ai remarqué que les parents d'enfants précoces ne pensaient que rarement à les inscrire à des sports collectifs), commence un sport en équipe. C'est sans doute l'un des meilleurs moyens de développer l'intelligence relationnelle et émotionnelle des enfants. Avec les autres, l'enfant va développer sa confiance en apprenant à coopérer avec les copains, à se reposer sur eux, et à ce qu'ils puissent se reposer sur lui – bref, à réaliser la force du groupe, du lien, à se faire aussi de nouvelles amitiés en dehors de l'école. L'enfant va alors comprendre que, en s'appuyant sur les autres, il peut oser et risquer des choses qu'il n'aurait jamais tentées seul, mais aussi se nourrir de l'expérience de l'autre petit copain, qui, lui, sait faire un dribble incroyable avec le ballon… La pratique d'un sport collectif pour l'enfant, et *a fortiori* pour l'ado, est une des expériences les plus riches à lui offrir.

Pour éduquer, il faut être régulièrement présent. Mais aussi accepter le rythme de l'enfant, et ne pas attendre de lui qu'il s'habille seul ou mange seul juste parce que ça nous arrange ou nous flatte. Dites-vous que, pour autonomiser votre enfant, il s'agit ni de faire à sa place ni de le laisser seul, mais plutôt de lui montrer le chemin, même si cela prend plus de temps. La dynamique de l'autonomie, c'est de laisser venir le désir de l'enfant, qu'il revendique de faire les choses lui-même. Qu'il prenne la cuillère et s'en mette partout ! Ce ne sera pas parfait tout de suite, mais c'est comme ça qu'il va apprendre.

## 3 POINTS À RETENIR

1. **L'autonomie n'est pas une ligne droite, ni la même pour chaque enfant.** Il faut vous autoriser et autoriser à votre enfant des avancées et des retours en arrière. Faites en sorte que l'enfant aille à son rythme, n'ayez pas de désir à sa place et laissez-lui le temps d'être un enfant imparfait !

2. **Soyez à son écoute quand il en a besoin.** Intervenez en tant qu'adulte quand cela vous paraît nécessaire, mais pas pour le couver. N'oubliez pas que, pour grandir, il doit faire face aux « épreuves de la cour de récré » ! Souvenez-vous de la définition du mot « épreuve » : « Essai par lequel on éprouve la résistance, la qualité de quelque chose. » Ou encore : « Difficulté qui éprouve le courage de quelqu'un, qui provoque chez lui de la souffrance. » La souffrance, dans une certaine limite, est fondatrice. Il ne faut pas la diaboliser.

3. **Aidez-le à développer son intelligence émotionnelle et relationnelle !** Avec son accord, inscrivez-le à un sport collectif pour qu'il fasse partie d'une équipe.
   Alors, on essaie ?

## FIL BLEU
À FAIRE AVEC VOTRE ENFANT

Un petit outil (« petit », car simple) : le « bazar ».
À la fin des consultations avec les enfants, je leur demande de ranger avec le moi le bazar en… deux minutes, soit cent vingt secondes !
« Ranger le bazar » est un formidable outil d'autonomie : l'enfant a une limite à respecter (le temps), un cadre et un accompagnant, vous.
Deux minutes pour tout ranger comme un grand, on essaie ?

## FIL ROUGE PARENTS
S'OCCUPER DE SOI

Il arrive que de jeunes parents viennent me voir en me faisant part d'une forme de déception par rapport à leur enfant.
Ils se sentent coupables et en souffrent : comment peuvent-ils être déçus de leur petite merveille ?…
Je leur explique que cela n'a (en général) rien à voir avec leur progéniture. C'est plutôt quelque chose qui se déroule entre eux et eux. Je développe : quand on attend un enfant, on commence à se projeter, à imaginer plein de choses sur ce qu'il sera. Puis viennent la réalité, les premiers mois, les premières années et, bien que nous aimions notre enfant plus que tout, on comprend qu'il n'est pas exactement celui que l'on se représentait, tout simplement parce qu'il est… lui-même. C'est-à-dire que, même tout petit, il échappe déjà à ce que l'on voudrait faire de lui. L'enfant est un sujet à part entière. Il est essentiel, pour accueillir l'enfant de chair et d'os, de renoncer à notre enfant idéal et parfait, celui qui était dans nos esprits mais qui n'existe pas.
Quand on parle d'autonomie, cela implique de respecter sa progression, de lui faire confiance et de faire preuve de patience. Il ne s'agit pas, par exemple, d'évaluer son enfant avec

des critères normés : il marche, il écrit son nom, il mange seul… Il faut plutôt avoir en tête que ces avancées sont le fruit de progrès intérieurs et intrapsychiques. Devenir propre signifie que votre enfant a compris ce que les adultes attendent de lui, le fonctionnement de son propre corps, les mots pour dire qu'il a besoin d'aller aux toilettes, etc.

Mieux vaut donc attendre que votre enfant soit prêt pour passer à la prochaine étape. Quand il sera prêt et qu'il l'aura décidé, plutôt que d'espérer de lui qu'il soit comme l'enfant que vous aviez imaginé ou celui du voisin. Être autonome, c'est trouver sa propre voie, et pas « coller » au rêve de ses parents.

Posez-vous la question : ces attentes démesurées que vous plaquez sur votre enfant, n'est-ce pas une façon de rattraper quelque chose qui n'aurait pas été accompli dans votre histoire ? Quelle est la part de vos besoins et de ceux de votre enfant dans ce que vous attendez de lui ?

Votre enfant n'a pas à être le reflet de vos désirs ; il a à être lui-même. S'il suit un chemin imposé, il risque de ne pas trouver sa place. D'autant que, s'il ne parvient pas à suivre ce que vous voulez lui imposer, il pourrait penser que c'est sa faute et culpabiliser…

L'idée, c'est donc de lui faire confiance tel qu'il est. De nombreuses études ont d'ailleurs démontré que les élèves auxquels les enseignants faisaient confiance étaient ceux qui progressaient le plus.

À vous maintenant de faire le tri : pourquoi voulez-vous absolument qu'il devienne médecin ou chef d'un restaurant étoilé ? Et si vous commenciez par acheter ce dictionnaire de médecine ou ce livre de cuisine, et par faire un bilan de compétences ou un coaching pour enfin parler et mettre sur la table ce boulot auquel vous ne trouvez plus de sens ?

## Quiz autoanalyse

Vous êtes à mi-parcours de ce livre. Ne serait-il pas temps de s'interroger pour savoir où vous en êtes, en particulier sur le point si important de l'autonomie ? L'idée est de prendre vingt minutes ou une demi-heure, de vous asseoir dans un endroit calme, de boire un petit café et de vous poser tranquillement les questions suivantes.

Que ce soit sur ce sujet, ou sur d'autres, le quiz autoanalyse est un outil utile. Il s'agit en quelque sorte d'être son propre psy, de prendre un peu de recul et de se poser des questions ouvertes et sans jugement pour avancer. Cela permet à la fois de faire le point, de se régénérer et de fluidifier son cours de pensée. Comme sur un divan !

Parfois, ce n'est pas l'enfant qui n'arrive pas s'autonomiser, mais le parent qui a peur de le voir grandir. Voici quelques questions simples à se poser entre parents en cas de blocage.

— Qui de vous ou de votre enfant n'est pas prêt pour le pas suivant ?

— La marge de liberté que vous donnez à votre enfant est-elle guidée par votre stress ou par ses compétences ?

— Ressentez-vous de la nostalgie quand vous vous le rappelez plus jeune, donc plus dépendant ?

— Est-il toujours un petit à vos yeux ? À 10 ans, est-il encore votre bébé ?

— Comment vous sentez-vous lorsque votre enfant gagne en autonomie ? Fier de lui et de vous ? ou bien triste du rôle que vous perdez ?

— Vous sentez-vous plus ou moins abandonné quand vous constatez que votre enfant n'a plus besoin de vous dans un nouveau domaine ?

## QUIZ « ESPACE » À FAIRE ENTRE PARENTS D'ADOS !

L'autonomie : voilà aussi une question cruciale quand on est parents d'ado. Et si vous commenciez par dessiner sur une feuille vierge votre appartement ou votre maison familiale ?

— Où sont les espaces des parents, des frères et sœurs, de l'ado ?

— Votre enfant a-t-il un espace à lui ?

— Le respectez-vous ? Y a-t-il par exemple un loquet à sa porte ? Et frappez-vous avant d'entrer ?

— *Quid* de votre espace de parent ? Avez-vous votre intimité ?

— Votre ado se permet-il de rentrer à l'improviste dans votre chambre ?

Le faire accéder à l'autonomie, c'est aussi lui montrer que vous l'avez, vous, votre autonomie.

Pourquoi pas des paliers d'autonomie avec votre ado ? Un compte en banque, laver son linge, peu à peu gérer des démarches administratives, etc.

Alors, on essaie ? Et par quoi allez-vous commencer ?

# SIXIÈME SEMAINE

## L'échange

Au sein de mon cabinet et à la maison de Solenn, où j'interviens chaque semaine dans un atelier de psychodrame[1], je peux constater à quel point la thérapie d'adolescents est singulière. Elle pousse les cliniciens que nous sommes à sans cesse nous remettre en cause, à nous adapter et à réfléchir. Il n'y a jamais de confort ou de ronronnement, avec les ados, alors qu'il peut y en avoir avec les adultes en séance.

Les ados nous plongent dans un bouillonnement permanent, on se sent comme dans une Ferrari pétaradante. À l'image de ce qui se passe dans leurs cerveaux et avec leurs hormones… L'adolescent est véritablement un chaudron émotionnel et, on le sait, pendant l'adolescence, c'est plus l'émotion que la raison qui est aux commandes.

1. Une sorte de théâtre thérapeutique dans lequel l'ado peut jouer des scènes de son choix.

Cela ne vient pas de nulle part : la manière dont nous percevons la réalité dépend fortement de l'amygdale, d'où proviennent les émotions et réactions telles que la peur, la colère, la haine ou la tristesse. Mais ce qui différencie ados et adultes face à la gestion de ces sensations, c'est l'utilisation des lobes frontaux, que les ados sont moins en capacité d'activer que les adultes.

Par exemple, on peut dire que les ados sont moins protégés du stress que les adultes dans la mesure où ils ne réagissent pas de la même manière au THP (l'hormone apaisante produite en cas de stress). Pire encore : au lieu de les calmer, cette hormone augmente encore plus leur anxiété ! Des recherches ont prouvé que, chez les adolescents exposés à des images stressantes, l'amygdale s'active davantage que chez les enfants ou les adultes.

Pour mieux vous le donner à comprendre, je vais vous raconter l'histoire d'un jeune patient que je suis depuis un an, et que nous appellerons Benjamin.

Benjamin a 13 ans, et il m'est adressé par sa mère pour des problèmes de comportement à l'école. Benjamin a beau être un élève brillant avec une moyenne de 18, il se montre particulièrement insolent avec les professeurs et les surveillants de son établissement, à tel point qu'il a déjà été exclu trois fois en trois ans, et que sa mère ne sait plus quoi faire, car, après un énième dérapage, Benjamin est de nouveau menacé de renvoi. Elle a d'abord pris rendez-vous avec un pédopsychiatre, qui l'a orientée vers moi, dans le but que son fils entame une psychothérapie.

Au départ, Benjamin reproduit avec moi le même comportement qu'à l'école, comme s'il voulait provoquer le même effet : que je le vire de mon cabinet. Il ne m'écoute pas, dit que cela ne sert à rien « les psys », et passe l'intégralité des premières séances à jouer sur son téléphone ou à envoyer des messages à ses copains.

Je constate et je ressens dans ma propre difficulté à supporter son comportement (mon cœur qui s'emballe un peu et ma colère qui monte) ce qu'il doit faire vivre aux adultes, à ses parents et à lui-même. Sensible à mes « interrupteurs émotionnels », délibérément, je le laisse faire. Et au lieu de tomber dans le piège qu'il me tend, j'essaie au contraire de m'intéresser à ce fameux téléphone et à ce qu'il fait avec.

Au départ, bien sûr, il m'envoie bouler. Je vaque à mes occupations, je pianote aussi sur mon portable. Puis, peu à peu, au fil des semaines, un lien se construit, et il finit par partager avec moi les vidéos qu'il regarde et me propose même de jouer avec lui. Une confiance s'installe, la parole se libère progressivement. Benjamin me demande plusieurs fois si « vraiment » je ne vais rien répéter à ses parents de ce qu'il pourrait me dire. Je le lui confirme et lui explique que, puisqu'il est mineur, la seule chose que je suis tenu de révéler à ses parents concernerait une mise en danger dont il me ferait part – un danger de mort, je veux dire.

Vient le premier rendez-vous familial, avec ses deux parents. Il se trouve que la configuration de la famille est un peu particulière : la mère ayant dû accepter un poste à l'étranger depuis un an, et le père n'ayant pas pu la suivre, ils ont décidé que Benjamin et ses deux sœurs resteraient à Paris et ne quitteraient pas leur école. La mère sait qu'elle sera retenue encore deux ans à Rome. Elle rentre cependant presque tous les week-ends.

Je remarque que Benjamin, tout de suite dans l'interaction, semble proche de sa mère, mais dans une grande distance avec son père. De fait, le père et le fils ne parlent jamais le même langage. Le père passe son temps à reprocher à son fils de ne penser qu'à son téléphone, explique que ça va le rendre « gaga », qu'il faut qu'il lise, qu'il se cultive. Benjamin répond en traitant son père de tortionnaire qui ne comprend rien. Toute la séance se déroule ainsi : un dialogue de sourds entre le père et le fils, avec comme spectateurs la mère et moi. Le père réagit en miroir de son fils.

Le problème, vous l'avez compris, c'est que les émotions sont décuplées chez nos ados, et que, justement, il faut s'efforcer de rester calme, à sa place d'adulte, face à eux. Ayez en tête que les ados sont très doués pour créer des rapports de force, et beaucoup moins pour en sortir…

Les séances suivantes, cependant, seul avec Benjamin, je peux reprendre ce qui s'est produit avec ses parents dans mon bureau. La relation père-fils est à l'état zéro, et cela va bien au-delà des conflits classiques entre père et fils à l'adolescence. Quelque chose est cassé, plus rien ne passe.

Peu à peu, Benjamin me confie que son père travaille sans cesse et très tard, et qu'une fois rentré à la maison, il travaille encore. C'est la nounou des deux petites sœurs qui tient la maison, fait les courses, prépare à manger… Et quand le père vient voir son fils dans sa chambre, c'est seulement pour la même chose que dans mon cabinet : lui adresser des reproches. Cela se termine donc immanquablement par des cris et des menaces…

Un mois plus tard, lors de la deuxième séance familiale, le même scénario se répète, et je laisse faire. Au bout de cinquante-cinq minutes d'invectives, le père et le fils finissent cependant par s'arrêter d'eux-mêmes. Je mets alors en perspective ce qui vient de se passer, en expliquant qu'il ne reste que cinq minutes et que la quasi-intégralité du temps de séance a été prise par la répétition du même conflit.

Je leur demande à tous les deux ce qu'ils pensent de l'idée de se parler – je veux dire dans un réel échange (et pas juste un échange de cris), dans lequel l'un s'intéresserait à ce que dit l'autre, et *vice versa*. C'est à ce moment que Benjamin prononce cette phrase : « De toute façon, je ne l'intéresse pas. » Le père semble tomber des nues.

Une idée me vient à cet instant…

Je m'appuie sur ma propre expérience avec Benjamin et la manière dont un lien a pu se créer entre lui et moi. Je propose à Benjamin et à son père un échange : que chacun me fournisse un exemple de ce qu'il aimerait que l'autre fasse et qu'il voudrait partager avec l'autre.

Benjamin est le premier à jouer le jeu. Il réfléchit quelques instants et dit : « Que papa joue avec moi à Fifa, qu'il fasse un match avec moi ! »

Le père lève les yeux au ciel. Mais je lui demande de dire ce que lui souhaiterait faire avec son fils.

« Lui lire des extraits du *Journal* de Camus, et qu'il en lise avec moi, et qu'on en parle. »

Au tour de Benjamin de lever les yeux au ciel, exactement de la même manière que son père. Je leur fait remarquer cette mimique commune.

Je continue ensuite sur ma lancée : il s'agit de faire un petit pas, d'essayer au moins une fois d'entrer dans l'univers de l'autre, mais de le faire avec authenticité. La petite famille repart sans y croire.

Pourtant, contre toute attente, quand Benjamin est revenu me voir la semaine suivante, il m'a confié que son père et lui avaient opéré l'échange. Le père avait accepté le match Fifa et il avait tellement aimé cela qu'ils en avaient fait plusieurs – il avait perdu chaque partie. Ensuite, pour la première fois, Benjamin avait pu raconter à son père à quels jeux il jouait, comment les jeux vidéo lui permettaient aussi de « voir » ses copains en jouant en réseau, mais aussi pourquoi il passait tant de temps sur son téléphone.

De son côté, Benjamin a accepté de lire avec son père le *Journal* de Camus et ses réflexions sur le sens de l'existence, l'écriture, la création… Benjamin aussi a adoré et il a passé avec son père bien plus de temps que prévu sur le livre. Benjamin a découvert ce que son père appelle « ses » ouvrages de la Pléiade qu'il vénérait, ses « petites bibles »… Celui-ci lui a même prêté le tome 1 des *Œuvres* de Camus.

Depuis, même si tout ne s'est pas réglé par miracle et si des tensions demeurent, une forme de dialogue a pu reprendre entre le père et le fils, car l'un et l'autre ont fait cet effort d'essayer de voir entre les barrières qui séparent les adolescents des adultes. Quelque chose d'une transmission de père à fils, mais aussi de fils à père s'est remis en place.

La thérapie a mis un peu de mouvement dans une relation qui semblait bloquée. Et, dans les mois qui ont suivi, la situation de Benjamin s'est un peu améliorée à l'école. Les paroles de son père sur les conséquences de ses comportements, qu'il lui serinait en vain depuis si longtemps, se sont mises à avoir de l'effet. Les limites sont aussi devenues plus supportables pour Benjamin, car on a entendu que son comportement bruyant était sans doute lié, justement, à son besoin d'être entendu par son père.

## **3 POINTS** À RETENIR

1. **Prêtez attention au dialogue avec votre ado.**
Y a-t-il encore des possibilités de se parler ? Vous sentez-vous encore, même sur quelques petits points, en connexion avec lui ? Ou bien vous sentez-vous sur une autre planète à tous points de vue ?

2. **Si c'est le cas, observez quelques-unes des activités qu'il pratique** et qui vous dépassent (jeux vidéo, Snapchat, skateboard, mangas…). Maintenant, identifiez certaines d'entre elles que vous pourriez apprécier et que vous aimeriez partager avec lui.

3. **Allez voir votre ado et proposez-lui un échange.**
Montrez-lui que ce qu'il fait vous intéresse vraiment. Planifiez l'échange. Pas grave si vous êtes complètement largué ! L'important, c'est d'être authentique. Posez des questions.
Faites le bilan ensuite. Qu'avez-vous appris ? Et lui ? Pourriez-vous recommencer ? ritualiser ces moments ? en trouver d'autres ?
Alors, on essaie ?

## FIL ROUGE PARENTS
S'OCCUPER DE SOI

Nous avons tous une histoire qui nous appartient : c'est-à-dire qu'elle est singulière, unique. Dans cette histoire, il y a des joies, des forces, des souffrances, des failles, des fantômes ; bref, il y a notre humanité. Cette histoire a laissé des traces en nous et, suivant ce qui a pu se dérouler dans nos vies, nous sommes plus ou moins sensibles à tel ou tel événement. Exemple : un enfant abandonné ou non reconnu par un de ses parents risque d'être plus sujet aux peurs d'abandon, ou de moins bien supporter les ruptures amoureuses.

Quoi qu'il en soit, on ne peut pas changer le passé, ni nos gènes. On peut, en revanche, agir ici et maintenant pour que le futur soit différent et, par exemple, commencer par apprendre à bien se connaître.

C'est là que j'en viens aux interrupteurs émotionnels.

Face aux émotions fortes que l'on ressent (pleurer, crier, se mettre en colère), il s'agit d'abord de se déculpabiliser : oui, c'est douloureux, mais non, vous ne faites pas exprès, et si vous les ressentez, c'est qu'elles vous envoient un message qu'il faut décoder et écouter. On se déculpabilise donc et on ne juge pas.

Essayez plutôt au contraire de vous mettre en observation de ces émotions : quand surviennent-elles ? Pourquoi ? Y a-t-il des événements particuliers, des mots prononcés qui les font sortir, avec votre compagnon ou avec des collègues ? Vous sentez que telle attitude de votre enfant vous a particulièrement touché ? Cela se répète ?…

L'idée, avec ce travail, va être de progresser dans votre connaissance de vous-même pour être capable peu à peu d'identifier ce que j'appelle nos « interrupteurs émotionnels » – en gros : où est-ce que l'on appuie quand ça fait mal ? Si cela vous aide, vous pouvez même faire une carte de votre corps avec vos émotions, ou les écrire sur un papier. Plus vous allez faire cet exercice, plus vous réaliserez qu'en général ces émotions fortes ne font que se répéter et sont provoquées par les mêmes déclencheurs et les mêmes mots. Cela ne veut pas dire que vous n'allez plus les ressentir ! Mais vous serez de plus en plus capable de prendre du recul, de vous dire « Tiens, tiens. Là, c'est dur… Ah, mais oui, c'est ça… », et de vous remettre dans la réalité. Et la réalité, si on reprend l'exemple de l'enfant abandonné, c'est que vous n'êtes plus cet enfant abandonné ! Vous êtes un adulte qui a le pouvoir de dépasser cela, qui est responsable, et que personne ne peut abandonner.

## SEPTIÈME SEMAINE

# Et si votre enfant écrivait sa vie ?

Un jour d'été où je déambulais dans une brocante près de chez moi, je suis tombé sur une dame âgée qui vendait toutes sortes d'antiquités. Je jetais un œil distrait (car je cherchais un petit bureau en bois) quand mon regard a été attiré dans un coin de son stand par une étagère où étaient entreposées des machines à écrire et des plumes d'oie ainsi que de vieux parchemins.

La plupart des machines avaient des touches cassées. La dame s'approcha de moi et me dit qu'elle en avait une en parfait état, en dessous, « dans l'étui bleu ».

J'ai attrapé l'étui, qui était un peu lourd, et la vieille dame m'a invité à l'ouvrir. À l'intérieur, j'ai découvert une machine à écrire bleu ciel qui semblait flambant neuve. Une Brother Deluxe.

« Elle est en parfait état de marche. Je l'ai retrouvée dans ma cave il y a quelques jours. Je l'avais achetée il y a quarante ans pour écrire des romans, et puis je ne l'ai jamais fait… »

Je n'ai pas hésité – d'autant qu'elle me la laissait pour 30 euros. Du reste, je n'étais pas prêt à abandonner mon antique MacBook (dont la lettre « O » ne tient plus) pour une machine à écrire… Je l'ai donc posée sur le petit banc à gauche de mon divan, avec les peluches, les crayons de couleur et la maison Playmobil.

Quelques semaines ont passé. Le temps que la machine prenne la poussière, et la rentrée est arrivée. En septembre, un nouveau patient, Jean, 11 ans, s'est assis sur mon divan.

Jean était très opposant et ne voulait pas me parler. Il était si anxieux d'être là qu'il avait sans cesse quelque chose dans les mains (son téléphone, une peluche…) et ne pouvait soutenir mon regard. Au bout de vingt minutes de ce petit jeu, il a cependant repéré la machine à écrire. Il s'en est approché, a tapoté sur les touches et il a prononcé ses premiers mots : « Tu aurais du papier ? »

Je lui ai tendu une feuille. Il l'a insérée et a commencé à taper. Et là, ô surprise, l'encre était noire et nette. Il a continué à taper des mots. Puis des phrases.

Et il a dit : « Ça marche. »

S'est ensuivie une première vraie conversation entre nous. Je lui ai raconté l'histoire de cette machine. Il m'a posé des questions. Il m'a dit que sa mère aussi en avait une. Il m'a appris comment changer l'encre, passer à la ligne, écrire en couleur…

La séance s'est terminée. Puis, à partir de la semaine suivante, le même rituel s'est répété. Au début, dans le silence, Jean écrivait des scènes de sa vie ou de son imagination ; je ne lui demandais jamais si c'était « vrai » ou pas.

Peu à peu, une histoire se mettait en place et, à chaque séance, il y avait un nouveau chapitre. Quand il avait fini, il m'invitait à lire à haute voix, et nous parlions du personnage (un jeune ado perdu dans un monde extra-terrestre). Et nous imaginions ensemble quelles péripéties nous allions lui faire vivre, comment il allait s'en sortir, quelles difficultés il allait rencontrer et surmonter... Nous imaginions aussi les personnages qu'il trouverait sur sa route et ce qu'il ressentirait à leur contact.

Au contraire du préadolescent taiseux que j'avais vu au départ, je découvrais un jeune homme à l'imagination débordante et au monde intérieur riche.

Si j'ai voulu raconter cette histoire, c'est pour vous montrer à quel point l'écriture est un des outils les plus puissants que j'ai pu utiliser dans mes thérapies d'enfants et d'ados.

Car, comme l'explique Boris Cyrulnik, quand les mots parlés ne sont pas entendus (ou ne peuvent pas être prononcés), ce sont les mots écrits qui permettent de réfléchir à ce qui nous arrive. En mettant en scène, en donnant forme à notre angoisse (n'oubliez pas que l'angoisse est le carburant de la psychopathologie et de la vie humaine en général), on en maîtrise mieux la représentation. Écrire est une façon de se reprendre en main (et en mots, si je puis dire), d'apaiser l'angoisse, de se fabriquer sur le papier une base de sécurité quand la parole n'est plus possible. Dire « je » sur une feuille, c'est affronter son passé sous le regard des autres, c'est transformer, c'est dépasser sa souffrance.

Milan Kundera le précise dans *L'Art du roman*[1] : « Les romans nous font voir ce dont nous sommes capables. » Paul Ricœur, lui, parlait de cette « fonction médiatrice de la mise en intrigue », et expliquait : « Voir dans les intrigues que nous inventons le moyen privilégié par lequel nous reconfigurons notre expérience confuse, informe, et à la limite, muette[2]. »

Cet art du tissage qui se joue dans l'analyse et l'écriture, y compris avec les enfants, Boris Cyrulnik l'évoque encore dans son dernier ouvrage, *La nuit j'écrirai des soleils*[3]. Selon lui, si l'on faisait une neuro-imagerie lors d'une psychothérapie, on verrait, au moment où le sujet relate un problème qui le tracasse, l'amygdale rhinencéphalique (socle des émotions désagréables) « flamber », c'est-à-dire consommer de l'énergie. Mais, dès que le consultant élabore son problème, on verrait l'amygdale « s'éteindre », parce que le travail de la parole aurait renforcé d'autres zones cérébrales, notamment le lobe préfrontal (socle neurologique de l'anticipation).

« L'écriture, dans le travail qu'elle demande, explique Cyrulnik, permet une élaboration, d'un ordre différent que la thérapie, mais tout aussi efficace dans le processus de résilience. C'est un bon chemin pour sortir de la brume et éclairer sa vie. »

---

1. *L'Art du roman*, Gallimard, 1986.
2. *Temps et récit*, tome 1, Seuil, 1983.
3. *La nuit j'écrirai des soleils*, Odile Jacob, 2019.

En ce qui concerne l'enfant, vers l'âge de 6 ans, le cerveau est assez développé pour le faire accéder à la représentation du temps. Dès lors, il a besoin de récits pour imaginer la place qu'il devra prendre dans le monde des adultes. Les contes lui présentent des scénarios possibles.

Il n'y a donc pas d'âge pour commencer à « romancer », mais, à partir de 6-7 ans, l'enfant peut déjà avoir un « livre imaginaire », par exemple. À cet âge-là, vous pouvez lui présenter cela comme un jeu, en lui proposant d'aller acheter ensemble un petit cahier dans lequel il va pouvoir mettre ce qu'il veut, notamment les petites choses secrètes qu'il n'a pas envie de raconter à ses parents. S'il manque d'idées, vous pouvez lui suggérer, au moment du coucher, de raconter un temps fort de sa journée, de lui demander comment il l'a vécue, comment ça s'est passé… Pourquoi ne pas imaginer avec lui une histoire que vous écririez, au-delà des contes que vous lui lisez ? En l'écrivant, vous pouvez la « jouer » avec lui, mimer les personnages, développer sa créativité et la vôtre – et, en tout cas, construire ensemble…

Les bénéfices de cet exercice sont multiples. Pour les plus jeunes, il développe leur capacité à être seuls en ayant un espace à eux. C'est un début d'autonomisation par rapport à la structure parentale et à l'école. Cela les habitue également à écrire et, même s'ils ne font pas toujours attention à l'orthographe, ils s'entraînent à raconter des situations qu'ils ont vécues, à former des récits. Un entraînement bénéfique qui peut aussi les aider à accroître leur imagination.

Pour les adolescents, l'écriture est quelque chose de formidable, car elle les amène à structurer leurs pulsions grâce à des mots, et à se sentir entendus. Tenir un journal, par exemple, permet de faire le point, de mettre des mots sur ce qu'ils vivent.

En entrant dans l'adolescence, on ne comprend pas toujours ce que l'on ressent. On peut se sentir enfermé, perdu… Écrire permet de se débarrasser de certaines pensées parasites, de transformer les douleurs et de mieux appréhender les choses qui arrivent, avec du recul. Cet endroit rien qu'à soi autorise à dire des choses qu'on n'aurait pas pu dire ailleurs. C'est une façon de canaliser une révolte, souvent très forte à cet âge-là. Dans un journal intime, l'adolescent peut s'imaginer parler directement à la personne qui le fait souffrir (celle ou celui qui lui fait vivre un chagrin d'amour, un professeur avec lequel ça se passe mal, ses parents…).

À noter : l'écriture (journal intime ou autre) peut être un outil tout à fait intéressant pour aider les enfants précoces ou à haut potentiel à s'épanouir. En effet, ces enfants sont en général très créatifs, rêvent et réfléchissent beaucoup. Ils peuvent trouver une forme de soulagement dans l'écriture, qui leur permet de cesser de s'écouter penser et ainsi de mieux s'entendre.

Enfin, ce journal deviendra pour l'enfant une relique de son enfance quand elle lui paraîtra loin : plus tard, il pourra le relire et constater son évolution. Il sera rassuré par cette « pièce d'identité ».

Un journal intime n'est pas forcément un carnet avec un cadenas. Il peut prendre diverses formes : des textes, des dessins, des notes sur un téléphone portable…

Peu importe, tant que l'enfant y trouve un moyen de s'exprimer.

Les parents d'ados peuvent-ils y jeter un œil en cas d'inquiétude ? Surtout pas et c'est une règle fondamentale : on ne va jamais lire un journal intime ! Ce serait terrible d'offrir à son enfant un espace de liberté, puis d'aller fouiller dedans. Cela pourrait créer d'affreux conflits avec un adolescent. Éventuellement, en cas d'inquiétude, vous pouvez en parler au médecin, ou aller voir un pédopsychiatre ou un psychothérapeute.

## **3 POINTS** À RETENIR

1. **Dès 6 ans vous pouvez commencer à inventer des histoires avec votre enfant.** Si on prend l'exemple classique de l'enfant qui a peur des méchants qui entreraient dans la maison, vous pouvez écrire avec lui un récit à ce sujet. En nommant les monstres, en le mettant dans le rôle du héros, vous lui permettrez de mettre à distance ses craintes et de devenir acteur de l'histoire…

2. **Avec l'ado, c'est un peu différent.** Il ne faut pas qu'il ait impression que c'est un exercice que vous lui donnez à faire. Soyez plus fin, parlez-lui du fils d'un ami qui écrit… Laissez traîner des cahiers, des stylos, ou relatez-lui votre propre adolescence.

3. **Que ce soit pour l'enfant ou pour l'adolescent, il y a quelque chose qui fonctionne bien :** prenez son héros favori (Batman, un héros de manga, Yoda…) et proposez, sur le même modèle, de créer son propre héros, en roman ou en BD. Comment imagine-t-il l'histoire ? Scène par scène…
Alors on essaie ?

**FIL BLEU**
À FAIRE AVEC VOTRE ENFANT

Un travail d'écriture que j'aime bien faire avec les enfants (et les ados parfois) est d'écrire le roman de leurs compétences. Je leur demande de rédiger un texte reprenant leurs dix meilleures compétences : dix choses qu'ils font très bien. S'ils bloquent, je finis par les aider, bien sûr, et j'ajoute ce que, moi, je trouve qu'ils font très bien.

**FIL BLEU**
À FAIRE AVEC VOTRE ENFANT

Goethe a écrit : « Quoi que tu rêves d'entreprendre, commence-le. L'audace a du génie, du pouvoir, de la magie. » Vive l'imperfection ! Que votre enfant accepte l'imperfection et puisse même comprendre à quel point c'est une force est un grand pas vers l'autonomie.
Voici un petit exercice que je pratique avec mes jeunes patients, et que j'appelle la « boîte à ratages ».
Je dispose une boîte en carton rouge devant moi, et j'écris sur des bouts de papier cinq choses que je ferais si je n'avais pas peur de les rater ou de ne pas les faire parfaitement.
Par exemple : « Si je n'avais pas à le faire parfaitement et pas peur d'être ridicule, j'essaierais le skateboard. » « Si je n'avais pas à le faire parfaitement et pas peur d'être ridicule, j'essaierais de faire du théâtre. » « Si je n'avais pas à le faire parfaitement et pas peur d'être ridicule, j'essaierais de chanter. » « Si je n'avais pas à le faire parfaitement et pas peur d'être ridicule, j'essaierais de sauter à l'élastique. » Ou encore : « Si je n'avais pas à le faire parfaitement et pas peur d'être ridicule, j'essaierais de nager le papillon. »
Je commence toujours par le faire moi-même, pour montrer

à l'enfant. Puis je mets les bouts de papier dans la boîte et j'invite l'enfant à faire de même. En général, une fois que j'ai donné mes propres exemples, que j'ai montré moi-même comme j'avais peur de rater, alors l'enfant se libère.
Il se met à parler de telle activité qu'il aimerait faire et qu'il n'ose pas essayer, de tel métier dont il rêve…
On peut en discuter ensemble, dire que le rêve de devenir astronaute est formidable et que les parents peuvent peut-être emmener l'enfant à la cité des Sciences ou – qui sait ? – à Houston visiter la Nasa.
Ce qui est important, avec cet exercice d'imperfection, c'est qu'il initie votre enfant à ce qu'est le désir, comment il se construit à petits pas, comment aucune maison ne peut se bâtir sans une première petite pierre. Il vous permet de travailler avec lui sur l'effort, la frustration, les vertus du temps…
Et rien ne vous empêche, pour les enfants un peu plus grands, de citer l'illustre maître Yoda dans *Star Wars* : « Le maître, c'est l'échec. »
Toujours pour mettre en valeur l'imperfection et les vertus de « ne pas tout savoir », il est intéressant de proposer à votre enfant de vous apprendre quelque chose. Choisissez par exemple un sujet que votre enfant connaît mieux que vous et demandez-lui de vous en dire davantage. Soyez ouvert à l'apprentissage et à ses connaissances. Son acte d'enseignement et votre apprentissage enthousiaste l'enchanteront. « Tu sais des choses. » « Je veux apprendre de toi. » « Tu as quelque chose à m'enseigner. »

## HUITIÈME SEMAINE

# La métaphore du parent d'ado comme capitaine du bateau

Lorsque certains parents me parlent de la difficulté d'élever leur enfant, il m'arrive de penser (sans le dire) : « Attendez qu'il soit ado, et vous verrez… » Ainsi, je me souviens d'un de mes patients, Jean-Baptiste, qui a 15 ans au moment où je le reçois en thérapie.

Les raisons qui ont déclenché la prise de rendez-vous sont un condensé de tout ce qui peut traverser la vie d'un ado : Jean-Baptiste est en pleine puberté, vient de muer, mesure déjà 1,85 mètre, et le quotidien avec ses parents n'est constitué que de conflits, d'éclats de voix, d'oppositions. Jean-Baptiste a une petite amie depuis peu et fait le mur pour profiter de la nuit avec elle. Ses résultats sont en chute libre, et il a découvert le cannabis… Bref, ses parents ont à faire face, avec un seul ado, à à peu près toutes les problématiques liées à l'adolescence : les hormones, le développement pubertaire, les changements du corps, le cerveau qui n'a pas fini de se développer et de se connecter, etc.

En séance, Jean-Baptiste offre cependant un visage tout à fait différent suivant qu'il est seulement avec moi ou en présence de ses parents. Avec moi, il est plutôt calme, et il passe l'essentiel du temps à m'expliquer pourquoi ses parents sont nuls, et pourquoi il est différent d'eux (encore une fois, c'est très classique à l'adolescence, et très sain de chercher d'autres modèles que ses « vieux » parents).

Malgré tout cela, malgré tout ce que ces parents, Alain et Cécile, se prennent « dans la gueule » (pardonnez-moi cette expression, mais c'est la bonne) en séance et à la maison, ils tiennent le choc. Ils encaissent tout en continuant à poser des limites, à respecter leur propre cadre. Ils restent bien à leur place d'adultes face aux élucubrations de leur ado…

En les regardant faire, en les observant, en les écoutant, des idées et des images me sont venues. D'abord une tempête (l'adolescence), une phase d'importantes turbulences. Dans cette tempête, un bateau – la famille –, et ce bateau est très malmené, car toutes sortes de vagues viennent se fracasser contre la carlingue (les hormones, la sexualité, le corps qui change…). Ce qu'il faut malgré tout, c'est que quelqu'un tienne la barre. Qui imaginerait, en pleine tempête, un capitaine quitter le navire ?!

Certes, on ne va pas empêcher la tempête (ni moi – le psy – ni vous les parents n'en avons le pouvoir) puisqu'elle est bien là. Mais les capitaines – les parents, vous – doivent tenir le gouvernail. Cela ne va pas endiguer les remous, mais il faut un cap, et ce cap, c'est votre cadre, vos limites et, au bout, l'autonomie affective et matérielle – pour que votre ado soit capable, un jour, de mener sa vie en adulte.

Gardez cependant en tête que c'est une traversée qui aura une fin, et que tout passe – même la crise d'adolescence.

Pour vous donner une autre image : si l'enfance était un joli lac suisse, l'adolescence serait une plage du Pays basque, balayée par les vents et les rouleaux de l'Atlantique.

Comprenez bien que, pour votre ado, ce qui arrive est à proprement parler une tempête : tout à coup, tous les repères sautent, et rien ne sera plus jamais comme avant. L'enfance disparaît face au tsunami pubertaire, et tout change : la relation à soi et aux autres, les comportements, la personnalité. Pourtant, c'est cela qui va lui permettre de devenir lui-même, en renouvelant ses identifications.

Oui, non seulement il va s'identifier à d'autres personnes que vous, mais en plus il va tout vous reprocher. Vous allez être le mur contre lequel il va taper, le « capitaine » qu'il va rendre responsable de la tempête. Et, néanmoins, vous allez le tenir et le mener à bon port ! En tant que capitaine, vous n'avez qu'à continuer à tenir la barre et, surtout, à attendre… L'écueil à éviter, c'est de réagir en miroir de ce « cri » que votre ado n'arrive pas toujours à mettre en mots. Restez au contraire à votre place d'adulte.

Acceptez de ne pas être ce qu'il dit vouloir que vous soyez : c'est tout le paradoxe adolescent. Vous êtes « nul », mais il faut que vous le soyez pour qu'il puisse grandir.

Face à cela, donc, le capitaine que vous êtes va tenir et faire usage de l'autorité. Pas l'autorité rigide de grand-papa, règle en fer à la main ; non, l'autorité qui vient du latin *auctor*, qui signifie « auteur », « celui qui accroît, qui fait grandir ». L'auteur, le parent, c'est celui qui a des valeurs et des savoirs à transmettre, pour que celui à qui il transmet devienne à son tour acteur de sa vie et auteur pour d'autres.

La finalité de toute éducation, au fond, c'est d'aider nos ados à devenir responsables et autosuffisants. En un mot : assez autonomes pour nous quitter.

Voilà le travail d'un bon capitaine.

Et, pour Jean-Baptiste et ses parents, la tempête et la traversée sont encore en cours. Mais la barre est désormais bien tenue par ses parents, et Jean-Baptiste grandit peu à peu !

## **3 POINTS** À RETENIR

1. **Quand cela devient intenable avec votre ado, dans les moments de doute, de fatigue, de remous** (ne vous inquiétez pas : TOUS les parents passent par-là), visualisez-vous sur un bateau, au cœur de la tempête.

2. **Vous êtes à la barre, bien arrimé.** C'est une traversée, il y a parfois de grosses vagues, mais vous continuez parce que vous savez que tout cela aura une fin.

3. **Faites ce voyage mental jusqu'au bout, jusqu'à la terre.** Le soleil revient, le vent s'apaise. Visualisez encore… Votre ado (devenu adulte) est à côté de vous et du reste de la famille, souriant. Le bateau s'arrête au port. Celui qui était votre enfant descend, il est prêt à vivre sa vie.
   À chaque moment trop lourd, refaites-vous ce film. Pensez en phases, en prenant du recul. Vous allez y arriver.

## FIL ROUGE PARENTS
S'OCCUPER DE SOI

Je l'ai constaté à de nombreuses reprises avec les parents de mes jeunes patients : souvent, ce qui rend l'adolescence de nos enfants si difficile à supporter pour nous, parents, c'est qu'elle nous renvoie des nouvelles de nous-mêmes. Comme je l'ai expliqué dans le premier chapitre, elle nous met face à l'ado que nous étions et, pour peu que nous n'ayons pas pris le temps de « digérer » cette période, de faire face à nos souffrances passées, alors tout ressurgit en même temps que l'ado apparaît.
Dans notre fil rouge « S'occuper de soi », je vous propose donc de retrouver votre ado, votre ado à vous, votre ado intérieur, vous tel que vous étiez à 14 ou 15 ans. Posez-vous des questions. Quel ado étiez-vous ? Vous souvenez-vous de votre puberté, des changements de votre corps, des premiers émois sexuels ? Que pensiez-vous de vos parents ? Quelles étaient vos difficultés ? Comment imaginiez-vous le futur et le fait d'être adulte ?
Pensez ou prenez des notes sur tout cela. Que ressentez-vous ? Qu'en pensez-vous ? Retrouvez-vous des traits communs avec ce que vit votre enfant ? Vous ignorez à quel point nous, adultes, oublions vite l'ado que nous étions. (Parfois, c'était si dur que nous avons même voulu l'effacer de notre mémoire…) En prenant ce temps pour vous, vous allez pouvoir vous mettre un peu plus à la place de votre ado et le comprendre davantage.

Pourquoi aussi ne pas prendre un peu de recul en songeant un peu plus à vous et un peu moins à lui ? Un moyen très efficace consiste à vous connecter à votre corps. On a tendance à le laisser de côté, mais notre corps nous parle de notre vie tout le temps. Comment détecter les messages de son corps ? Fatigue, douleurs au dos, aux articulations, maux de tête… Combien de fois notre corps nous envoie-t-il des messages que nous n'écoutons pas ? Soyez donc attentifs à son langage, et trouvez l'activité physique, ou le massage, qui vous convient le mieux. Le principal étant, un moment, de lâcher…

Dernière idée, et je crois que c'est celle que je préfère ! C'est une prescription que je propose aux parents d'ados qui ont besoin de se vider la tête. Je l'appelle le « dîner pétage de plombs 100 % adulte ». Quand on n'en peut vraiment plus de son ado, on décide de sortir un soir dans la semaine, avec son conjoint ou un ami, pour un dîner spécial « langue de pute ». Une soirée à dire du mal de son ado, à confier tout ce qui nous insupporte. Mangez des bonnes choses, buvez… Vous en sortirez soulagés !

## NEUVIÈME SEMAINE

# Aux repas, les smartphones et les écrans au panier

Au contraire de certains psychanalystes, j'essaie de ne pas tenir de discours rigides sur les écrans. Je crois qu'il ne sert à rien de les diaboliser et, comme je vous le disais dans les chapitres précédents, les écrans sont souvent au contraire pour moi de très utiles supports de thérapie. Je trouve aussi que, dans une certaine mesure, ils peuvent aider les enfants et les adolescents à se développer, pour peu que l'on veuille bien leur apprendre à la fois à s'en servir et à s'en passer.

Mais cela vaut aussi pour les adultes ; vous allez vous en rendre compte avec l'histoire que je vais vous raconter…

Johanna, mère d'une quarantaine d'années, avait pris rendez-vous à mon cabinet car elle estimait que son fils de 16 ans, Max, était *addict* à son téléphone.

D'après elle, il passait sa vie sur son écran, entre jeux vidéo, YouTube et réseaux sociaux… Max me parlait en gardant un œil sur son portable, mais, au contraire de sa mère, cela ne m'inquiétait pas, car c'est le cas de 80 % des ados que je reçois. (Pour l'ado, le téléphone est aussi un « doudou » qui calme son angoisse initiale de se retrouver face au psy.)

En l'interrogeant, je ne notai rien de bien préoccupant : Max oubliait parfois son smartphone le matin, avait des amis, une petite copine… Il sortait, ses résultats scolaires étaient acceptables, son sommeil de bonne qualité. Bref, aucun signe d'addiction à l'horizon. J'avais du mal à comprendre la raison de la consultation.

Quand sa mère nous a rejoints pour l'entretien familial, elle a répété ce qu'elle m'avait dit lors de son appel. Elle affirmait qu'à cause de l'« addiction » de Max, il n'y avait plus aucune communication dans la famille. Pendant ce temps, je sentais que la colère de son fils montait. Je le voyais devenir rouge. J'ai tenté de faire diminuer la pression en demandant à madame quel était son propre usage des écrans. J'ai ensuite étendu ma question aux autres membres de la famille. J'ai alors eu accès à une information fort éclairante : ce n'était pas Max qui était *addict* aux écrans, c'était toute sa famille. Ses sœurs, mais aussi ses parents.

« Rassurez-moi, pas pendant le dîner ? » ai-je fini par interroger.

La mère de Max a baissé les yeux.

Si cette famille ne communiquait plus, c'est parce que, pendant l'essentiel du dîner, le moment de retrouvailles familiales par excellence, chacun restait dans sa bulle, le nez sur son téléphone.

« C'est vrai, a dit la mère… On ne s'en rend même plus compte. »

J'ai alors prescrit une action que je conseille souvent désormais : aux repas, les smartphones au panier ! L'idée est de réhabiliter ce moment d'échange – ou de silence, peu importe. Mais que l'on soit ensemble, et pas avec le téléphone.

Vous ne pouvez pas imaginer le nombre d'effets bénéfiques que cette idée a eu sur Max, sa mère et leur famille. Madame a acheté une boîte rouge et, avant chaque repas, tout le monde y dépose son engin, en mode avion. En quelques semaines, les rires, les discussions, les éclats de voix sont revenus… C'est même devenu l'occasion de planifier les week-ends, les sorties, les vacances.

L'avantage de cette idée, c'est qu'elle peut être développée dans d'autres domaines, et vous allez constater que cela peut changer toute la vie d'une famille. En limitant le temps d'écran, on gagne en désir, en capacité à être soi-même. En faisant cesser le tumulte des téléphones (qui-servent-à-tout-sauf-à-téléphoner), on s'entend de nouveau. Il s'agit d'en reprendre le contrôle au lieu d'être à la merci de la moindre vibration ou sonnerie. On peut, par exemple, se mettre en mode avion – ou « ne pas déranger » –, et déterminer soi-même les heures où l'on se rend disponible.

Autre idée merveilleuse que j'ai déjà testée moi-même : la promenade sans portable. Une heure avec votre enfant… Essayez ! Une heure avec votre enfant sans téléphone, et vous verrez la différence.

Mais si mon conseil de dîner sans portable vous plaît, j'ai encore mieux pour vous : passez une soirée entière avec tous les appareils éteints, c'est-à-dire en mettant hors ligne tout ce qui a un écran – téléphone portable, télé, iPad, etc. Cette idée peut donner lieu à beaucoup de résistances et d'inquiétudes, mais, si vous parvenez à surmonter l'obstacle, le lien que vous établirez finalement avec vous et votre famille s'en trouvera renforcé. Cela développera aussi la créativité familiale : tiens, on fait quoi si on ne peut pas regarder les écrans une soirée ? On parle ? On fait un jeu de société ? On sort ?

Ce que je vous propose ne repose pas que sur mon expertise de psy. C'est également une réalité physiologique : notre cerveau n'est pas outillé pour les smartphones – je veux dire pour le zapping permanent vers lequel ils nous poussent. Nous sommes plus efficaces, épanouis, reposés, si nous nous concentrons uniquement sur une tâche.

Si on considère les répercussions du multitâche sur les ados (mais je vous assure que c'est pareil pour les adultes), les études montrent que faire plusieurs choses en même temps abaisse les capacités d'apprentissage. Il leur faut jusqu'à 400 % de temps en plus pour terminer leurs devoirs en mode multitâche.

D'après les chercheurs, le multitâche peut aussi provoquer la libération d'hormones du stress, dont le cortisol et l'adrénaline. Un niveau quotidiennement élevé de cortisol est, par exemple, corrélé avec une augmentation de l'impulsivité et de l'agressivité, des pertes de mémoire, et même des maladies cardio-vasculaires. Pour le dire autrement, le multitâche engendré par les écrans nous épuise psychiquement et physiquement.

Pourtant, même en sachant cela, ce qui rend les choses difficiles, c'est que (comme nous l'avons déjà vu) regarder son téléphone apporte une récompense émotionnelle au cerveau, et cela nous pousse à continuer. En gros, qu'est-ce qui se passe quand on ouvre un SMS ou un e-mail ? Eh bien, chaque message libère un *shoot* de dopamine (un peu comme quand on reçoit un cadeau) dans le cerveau. Ce que l'on sait, c'est que, dans une certaine mesure, l'addiction aux écrans ressemble à l'addiction aux drogues. On voit à l'IRM que la dépendance à la cocaïne et la dépendance aux écrans modifient les mêmes schémas de connectivité entre les deux hémisphères du cerveau, ainsi que d'autres voies neuronales entre des zones importantes utilisant la dopamine comme neurotransmetteur. Pour résumer, cela veut dire que les personnes dépendantes aux écrans (que nous sommes un peu tous) n'ont pas besoin de substances pour se droguer : elles obtiennent le même effet neurologique sans rien prendre. La bonne nouvelle, au contraire des dogmes, c'est que cela cesse dès lors qu'on n'est plus en contact permanent avec l'écran.

Alors, en ce qui concerne nos dîners sans écran, par où commencer ? En instaurant un cadre familial strict. Sur une soirée, par exemple, on pourrait imaginer un dîner sans écran de 20 heures à 21 heures, suivi de dix minutes sur le téléphone. Puis le portable « au panier », et on lit un livre ou on regarde un film, en famille. Une chose à la fois, en domptant enfin son smartphone. Cela vaut pour le travail aussi : deux heures sur une tâche sans portable. Puis pause portable.

## 3 POINTS À RETENIR

1. **Achetez une jolie boîte qui ferme, ou construisez-la en famille.** Avant le dîner, demandez à tous les membres d'y déposer leurs engins. En mode avion ou éteint.

2. **Interdiction d'y toucher pendant le dîner,** et jusqu'à ce que la table soit débarrassée.

3. **Après coup, notez les différences avec les « dîners portables ».** Avez-vous pu aborder plus de sujets ? Était-ce plus simple de rester sur un seul d'entre eux ? Avez-vous appris des choses sur la vie de votre ado, sur sa journée ?
On fait ça tous les soirs ? On essaie ?

**FIL BLEU**
À FAIRE AVEC VOTRE ENFANT

Voilà une bonne idée à réaliser une fois les écrans mis hors d'état de nuire (ne pas les rallumer pour aller chercher une recette : ressortez plutôt un bon vieux livre de cuisine).
Même si vous êtes comme moi un piètre cuisinier, vous ne me convaincrez pas qu'il n'y a aucune recette que vous ne pourriez faire avec votre enfant.
Choisissez un plat, puis préparez-le ensemble, de A à Z (des courses à la vaisselle). Laissez votre enfant participer et être responsable des étapes adaptées à son âge et à ses capacités.
Remarquez ce sentiment d'être davantage partie prenante, tous les deux, lorsque vous apprécierez ensemble ce plat en vous félicitant du travail accompli.
Avec votre ado, vous pouvez même aller plus loin : vous lui montrez une fois la marche à suivre, vous lui donnez la recette et, une semaine plus tard, vous le laissez faire tout seul. (En gardant un petit œil sur les fourneaux, au cas où, mais en lui faisant confiance.)

## DIXIÈME SEMAINE

# SOS parents anxieux

De nombreux parents sont sujets à l'anxiété, que ce soit durant l'enfance ou durant l'adolescence de leur progéniture. C'est bien normal. Si elle reste mesurée, l'anxiété est d'ailleurs tout à fait saine. Mais il faut apprendre à écouter ses « interrupteurs émotionnels » pour ressentir quand cela va trop loin et peut affecter l'enfant.

Je me souviens du jeune Bastien, 9 ans, que sa maman avait accompagné dans mon cabinet parce qu'il avait beaucoup de mal à s'endormir et qu'il ne supportait pas de rester seul à la maison, même trois minutes pendant que ses parents allaient chercher du pain. Au fur et à mesure des séances, j'ai pu explorer le monde intérieur de Bastien, qui était riche, tout comme son jeu imaginatif. C'était un enfant sensible, très intelligent, qui, en dehors de ce qui l'amenait chez moi, n'avait aucun problème particulier.

C'est lors de la première séance familiale avec son père que les choses me sont apparues plus clairement…

Ce père était un homme grand, encore jeune. Il portait un costume parfaitement coupé et repassé, était bien rasé, se tenait droit, et semblait extrêmement attaché à son fils. Pourtant, Bastien m'avait confié avoir peur de se retrouver avec lui, car, parfois, il s'énervait très fort, et en particulier quand le petit n'arrivait pas à s'endormir.

De fait, dès l'entrée de son père dans la pièce, Bastien s'était raidi, et un sourire un peu forcé s'affichait sur son visage. Quand nous avons parlé des problèmes de sommeil de Bastien, le ton est monté : son papa était « inquiet » pour son fils, il voulait qu'il soit en forme, il « fallait » qu'il dorme. Quand il a dit que c'était du « théâtre », les problèmes de sommeil, Bastien s'est mis à pleurer. C'est là que je suis intervenu.

J'ai demandé au père si, au fond, c'était si grave que Bastien ne dorme pas, et pourquoi il insistait à ce point. Pourquoi vouloir protéger Bastien de tout, y compris des conséquences du manque de sommeil ? Ne réaliserait-il pas lui-même le lendemain, quand il serait fatigué, pourquoi les adultes considéraient que dormir était si important ? Le papa reconnut alors qu'il avait souvent très peur pour son fils – peur qu'il lui arrive quelque chose, peur qu'il soit malheureux. Sa femme l'interrompit : « Tu veux que tout soit parfait ! »

Il acquiesça, et c'est encore elle, la maman, sa femme, qui dit à demi-mot le drame qui avait frappé son mari pendant son adolescence : la mort de son propre père dans un accident dramatique de moto. Il ne dit plus rien, et les larmes lui montèrent aux yeux.

Bastien conclut : « Moi aussi, j'ai peur que tu meures sur ta moto ! »

La séance s'est terminée, et j'ai invité ce père, avec ses mots, quand il le souhaiterait, à parler à Bastien de son grand-père (ce qu'il n'avait encore jamais fait).

Bien sûr, chaque cas est singulier, et heureusement pas aussi dramatique que l'histoire de ce papa, mais je voudrais insister sur le fait que l'anxiété ne vient pas de nulle part. Il y a toujours des détonateurs qu'il convient de débusquer et de désamorcer. Apprenez à les entendre.

Dans le cas de ce père de famille, les signes étaient puissants : il était très stressé, fumait trop, travaillait tout le temps. À la maison, il ne lâchait jamais prise sur rien, et la moindre miette par terre devenait sujet de friction avec son fils.

Quand on se sent trop anxieux ou dépassé, il faut essayer de revenir à soi. C'est un peu comme l'eau de la casserole : quand il y a trop de pression, il faut commencer par ouvrir un peu le couvercle, faire en sorte que l'air s'échappe, baisser le feu… Par exemple, on peut laisser l'autre parent, quelqu'un de la famille, ou des éducateurs, s'occuper de l'enfant à leur façon, sûrement différente.

Face aux élans de l'enfant, le comportement le plus rassurant est une attitude calme et encourageante. Même si c'est dur, il faut tendre vers cela. Le jeune enfant est très sensible à l'émotion véritablement ressentie, plus qu'à celle qui est affectée. On sait que trop de stress à la maison ou à l'école nuit aux apprentissages. Certes, un peu de pression motive, mais trop de pression fait chuter l'attention et nous rend finalement incapable d'apprendre quoi que ce soit.

Vous avez tous en tête – où vous l'avez vécu – ce moment où l'enfant est figé par le stress, ne peut plus parler. Cela s'appelle le « gel de la mémoire ». L'hippocampe cesse de fonctionner, car, avec le stress, l'afflux de cortisol interfère avec la mémoire. Pour le développement de l'enfant, l'atmosphère qui règne à la maison est donc fondamentale. L'enfant y puisera la confiance et la sérénité dont il a besoin pour ensuite s'éloigner lorsqu'il se sentira prêt à vivre ses propres expériences.

L'idée est donc de prendre de la distance avec cette anxiété. Si vraiment c'est trop lourd, on peut bien sûr aller voir un psy. Dans le cas du papa que je citais, c'est ce que je lui ai conseillé de faire. Avec le professionnel, vous apprendrez à revenir tranquillement sur votre histoire, et à prendre du recul sur vos réactions pulsionnelles.

## **3 POINTS** À RETENIR

1. **Il est totalement normal d'être anxieux lorsqu'on est parent.** L'anxiété est saine quand elle reste mesurée, et quand on apprend à mieux la connaître et à comprendre d'où elle vient. Nous avons tous nos propres interrupteurs émotionnels. Sachez reconnaître les vôtres, et les apprivoiser. Qu'est-ce qui déclenche de l'anxiété chez vous lorsque vous êtes en présence de votre enfant ? Quels sont les moments où cela a un impact sur lui ?

2. **L'enfant est une véritable « éponge émotionnelle », ce qui ne signifie pas qu'il faille le protéger de tout ou le considérer uniquement comme une petite chose fragile,** et c'est un apprentissage essentiel que de savoir faire face à l'anxiété (la sienne et celle de ses parents). Toutefois, si elle devient trop envahissante, elle risque de se transformer en un handicap majeur. Quand la situation avec votre enfant finit par être trop anxiogène pour vous, quand vous avez l'impression de ne plus pouvoir affronter les événements, n'hésitez pas à faire appel à une personne ressource (frère, sœur, ami) pour prendre un peu de distance, revenir à vous-même et parler de ce que vous ressentez.

3. **Si vraiment l'anxiété prend toute la place dans la maison et dans votre espace psychique** (le bon indicateur est ce moment où vous ne pensez plus qu'à ÇA), il convient pour vous, parent, de vous prendre en main et de trouver le moyen de gérer cette anxiété, que ce soit en allant voir un professionnel ou en commençant la boxe – peu importe tant que cela vous

correspond et que c'est efficace. Car la maison, qui ne doit pas pour autant être un lieu aseptisé et protégé de tout – si on veut qu'elle puisse aussi préparer l'enfant à la « vraie vie » –, ne peut pas non plus être un nœud permanent d'angoisses. Elle doit rester la base de sécurité dont s'élance l'enfant pour explorer le monde.

**FIL ROUGE PARENTS**
S'OCCUPER DE SOI

Il est 22 heures, jeudi soir. Vous êtes seul à finir d'étendre le linge… Les enfants dorment enfin. Vous n'avez pas encore mangé. Vous soufflez. C'est là que, soudain, la réalité vous apparaît : vous n'en pouvez plus. Et, il faut bien vous l'avouer, vous en avez vraiment ras le bol des enfants et de cette impression de vivre sans arrêt une journée sans fin, de ne pas avoir vu votre mec ou votre nana depuis la naissance des petits (il y a cinq, sept ans, non ?).
Alors pourquoi ne pas transformer ce sentiment en quelque chose de positif ? Allez, lâchez le linge, jetez-vous sur votre ami Google et prenez au mot Étienne Daho, que vous écoutez depuis si longtemps sans agir : Rome !
Hop, c'est parti ! Vous trouvez un hôtel Lastminute sympa et pas cher. Votre mec ou votre nana n'en croit pas ses yeux quand il/elle se retrouve seul(e) avec vous, dans cet avion.
Et mamie, elle, est bien trop contente d'avoir les petits un week-end entier.
Alors, comment vous sentez-vous au retour ?! On essaie ? Et on recommence ?
Pour les plus casaniers ou ceux qui disposent de moins d'un week-end, il est possible aussi de réserver un super hôtel à Paris au dernier moment, et à prix cassé. Regardez sur Internet, de nombreux sites le proposent avec des formules spéciales : verre de champagne, spa avec soins… On y va ?

# ÉPILOGUE

## Quand s'inquiéter vraiment ?

Pour ce dernier chapitre, je ne vous présenterai pas de cas clinique dans la mesure où, quand il faut s'inquiéter, ce sont des cas où, justement, il faut absolument aller voir un psy ! Je vais en revanche vous donner quelques clés pour répondre aux questions que tant de parents nous posent à nous, les psys : « Est-ce que c'est grave ? » et « Quand est-ce que c'est grave ? »

Sachez déjà que, fort heureusement, les dépressions d'enfants et d'ados restent minoritaires. Il s'agit d'identifier la durée et la fréquence des troubles pour se prononcer sur leur gravité.

Par exemple, un ado qui déprime n'est pas forcément inquiétant, et c'est même normal si cela reste limité dans le temps. C'est une façon d'apprendre à se connaître face à des changements psychiques et corporels gigantesques ; c'est une façon de « pleurer » son enfance et d'entrer peu à peu dans l'âge adulte. N'oubliez pas que la tristesse est avant tout une réorganisation autour d'une perte. Pour estimer la gravité de son état, il est toujours intéressant de comparer le comportement de l'ado en fonction de l'endroit où il se trouve. Est-il déprimé uniquement à la maison ? Est-il différent avec ses copains ? En cours ?

Si la déprime vous semble généralisée, si cette humeur dépressive dure plus de quinze jours, trois semaines, il convient de prendre rendez-vous pour une analyse plus poussée.

Mais l'idée, et la philosophie du livre, vous l'avez compris, n'est pas d'aller chez le psy à tout prix. À mon sens, le meilleur référent reste la famille proche (ou des « personnes ressources » telles que tantes, oncles, grand frère, amis…) pour trouver les moyens de dépasser le problème. On prendra rendez-vous chez le psy quand, selon les mots de la regrettée et talentueuse Anne Dufourmantelle, « l'existence ne se renouvelle plus[1] », c'est-à-dire quand l'ado s'enferme dans des comportements dont il ne peut plus se dégager, ou quand l'enfant devient insupportable et que l'on sent qu'il n'y a plus de « mouvement » possible.

Pour le jeune enfant, il s'agira, par le dessin ou le jeu, d'essayer de comprendre ce qui vient faire obstacle, ce qui bloque, ce qu'il n'arrive pas à dire et qu'il met en acte. Que ce soit pour l'enfant ou l'ado, on tentera de décrypter ce dialogue comportemental (mais agir est un moyen de susciter une réaction de l'adulte). Tout doucement, on tentera de passer du dialogue comportemental au dialogue par les mots, pour qu'il ne passe plus à l'acte. (Mais ayez en tête que le passage à l'acte – fugue,

1. *Éloge du risque*, Payot, 2011.

crises clastiques[1] ou, dans les cas les plus graves, scarifications ou tentative de suicide –, chez l'adolescent, est un élément constitutif et affirmatif de sa personnalité, et que c'est parfois le fait de passer à l'acte qui permet ensuite de penser.)

Il convient de faire la différence entre déprime et dépression. Ce n'est pas parce que l'ado est parfois envahi par l'ennui, la déprime, le cafard, que cela nécessite une consultation spécialisée ou un traitement.

La déprime est, on l'a dit, l'expérience de la perte (perte de l'enfance, perte de la toute-puissance…), et elle fait partie dc ce qui permet à l'ado de se construire. Ces moments de tristesse disparaissent facilement après du repos ou une sortie entre copains. La distinction entre déprime et dépression repose en réalité sur la durée et l'intensité des manifestations dépressives : véritable tristesse avec sentiment de souffrance morale, tendance importante à se culpabiliser, sentiment de dévalorisation profond, idées et désirs de mort, ralentissement psychologique et moteur…

À l'inverse, si l'ado paraît agité, s'emporte pour un rien, passe à l'acte, réagit de façon excessive, cela peut être une réaction paradoxale à un envahissement dépressif, et le signe d'une lutte contre cela. Il faut prêter attention à la relative brutalité de la survenue de l'ensemble de ces manifestations et, surtout, à l'absence d'explications logiques (deuils, très graves problèmes familiaux, déception sentimentale forte, etc.).

1. Crise au cours de laquelle la personne devient violente et brise des objets.

Il est essentiel de consulter et de traiter ces dépressions à l'adolescence, car, contrairement à ce que l'on peut croire parfois, ces dépressions, à court terme comme à d'autres âges de la vie, peuvent être à l'origine de tentatives de suicide d'autant plus graves qu'elles se répètent. À moyen terme, ces dépressions peuvent épisodiquement se répéter, constituer la source d'une organisation caractérielle de la personnalité – véritable carapace psychologique et comportementale contre la douleur et la souffrance dépressive.

Les crises d'angoisse sont une manifestation assez classique des transformations vécues par les ados. Elles sont multiples à l'adolescence. Elles peuvent être liées au décalage entre l'image de soi et la réalité, par exemple, ou liées à la sexualité.

L'angoisse normale est toujours temporaire ; elle ne doit pas empêcher l'ado de prendre plaisir à sa vie. Elle devient pathologique (tout comme dans la différence déprime/dépression) lorsqu'elle entrave le développement psychique de l'individu.

Le corps est le lieu où elle se manifeste, c'est-à-dire que c'est en agissant que les jeunes se déchargent de leur anxiété. Exemples : bouder, se mettre en colère, avoir une mauvaise note, ou, plus grave, fuguer ou faire une tentative de suicide… Les actes servent à faire diversion face à une angoisse impossible à surmonter. Pour échapper au stress, certains se tournent vers le passé et la régression.

Si votre ado montre des manifestations d'angoisse, vous devez les prendre en compte, car ce sont des signes d'appel. Dites-vous que l'angoisse est un langage.

L'ado recherche, sans en être totalement conscient, la compassion des siens et leur affection. N'oublions pas la signification du mot « angoisse » : il vient du mot latin *angustia*, qui exprime le « resserrement ». C'est bien cela que vous signifie votre ado : ce resserrement, ce besoin d'air, ce besoin d'aide. Entendez-le.

## 3 POINTS À RETENIR

1. **Toujours s'interroger autour de trois mots : répétition, durée, cumul...**
   **Répétition** d'une conduite (redoublements scolaires, plusieurs accidents sur la voie publique impliquant fractures ou lésions graves, comportements boulimiques répétés, bagarres fréquentes, absentéisme scolaire fréquent, ivresse à différentes reprises...).
   **Durée** d'une même conduite pendant une période de plus de trois mois, voire six mois ou plus.
   **Cumul** des manifestations de souffrance et/ou de déviance, avec apparition de nouvelles conduites s'ajoutant aux précédentes.

2. **Lorsque les conduites symptomatiques se répètent, durent, s'associent entre elles et avec des événements de vie négatifs,** il ne faut pas croire que le temps est le meilleur traitement et qu'il suffit d'attendre... On peut au contraire craindre une fixation et un devenir grave et pathologique.
   Les événements de vie négatifs, aussi bien pour l'ado que pour son proche environnement, peuvent être les suivants : déménagement, maladie ou accident des parents, chômage...

**3. Il importe d'intervenir rapidement, pour ne pas laisser l'ado s'enfermer dans des comportements** de plus en plus pathologiques et qui l'éloignent du travail psychologique caractéristique de cet âge, indispensable pour poursuivre une évolution et une croissance satisfaisantes… Dans les cas les plus graves, et en tenant compte de chaque cas, par nature unique et singulier, le professionnel pourra décider d'un traitement médicamenteux. Celui-ci devra être temporaire et toujours, quand cela est possible, associé à une cure par la parole.

# Conclusion

Pour conclure ce livre, qui, je l'espère, vous aura été utile, j'aimerais vous parler d'une notion qui me paraît fondamentale : l'intelligence émotionnelle.

L'intelligence émotionnelle est le fil rouge de mon travail, et c'est sans doute ce que l'on peut gagner de plus précieux en thérapie – que ce soit pour soi ou pour ses enfants. Mais la développer – et c'est aussi pour cela que j'ai écrit ce livre – peut aussi se faire par d'autres biais (la lecture, les rencontres, l'autoanalyse, l'écriture, toutes sortes d'outils que j'ai essayé de vous transmettre).

La notion d'intelligence émotionnelle a été élaborée au début des années 1990 par Peter Salovey et John Mayer, deux chercheurs en psychologie. Elle a ensuite été promue et développée par le psychologue américain David Goleman. C'est, pour résumer, la faculté d'être au plus clair avec ses états intérieurs et ceux de l'autre, et d'être plus empathique dans les relations humaines.

Le neuroscientifique Richard Davidson décline l'intelligence émotionnelle en six dimensions : 1) la conscience de soi, 2) la capacité à vivre les événements de manière positive ou négative, et la capacité à les mettre en perspective (en gros : à prendre du recul et à dédramatiser ce qui nous arrive), 3) l'attention (par exemple, la capacité de concentration sur une tâche à la fois), 4) l'intuition sociale, 5) la résilience, 6) la sensibilité au contexte, et la capacité d'adaptation et de réaction à son environnement.

J'ajouterai à cela ce qui me semble le critère numéro 1 de l'intelligence émotionnelle (et Dieu sait comme cela peut être difficile !) : l'aptitude à verbaliser son ressenti, à dire « je » (« Je suis en colère », « Je suis inquiet », « Je suis déçu ») au lieu de bouder, de somatiser ou d'être agressif.

Bien sûr, vous me direz que nous sommes tous dotés de ces capacités, et c'est en partie vrai, car, mises ensemble, elles forment un assez joli résumé de la beauté et de la force d'un être humain. Mais il faut bien dire qu'elles sont plus ou moins développées selon les individus.

Il y a une raison à cela : notre relation aux émotions est un héritage familial à la fois psychologique et biologique. C'est pourquoi aucun travail sur soi n'est en mesure de provoquer un changement radical du jour au lendemain. Il est impossible de faire la révolution en un jour. En clair : il n'existe pas de baguette magique (sauf dans *Harry Potter*, et encore, même Harry doit apprendre à se servir de sa baguette).

En revanche, nous pouvons évoluer, devenir plus conscients, améliorer nos relations affectives et sociales. Nous avons tous en nous ce que j'appellerai un « potentiel caché » que la découverte de notre intelligence émotionnelle peut faire émerger. Nous pouvons construire notre maison pierre par pierre, en visiter toutes les pièces, la remplir à notre guise, inventer (pour nos enfants) ou réinventer (pour nous) notre vie, avec un leitmotiv constant et stimulant : l'incroyable et merveilleuse créativité humaine.

Si on résume donc : l'intelligence émotionnelle est la capacité à reconnaître ses propres émotions, à les analyser et à composer avec celles des autres, à laquelle s'ajoute la nécessité de verbaliser son ressenti et d'être authentique pour mieux communiquer avec autrui. Au-delà du bagage éducationnel, culturel que nous transmettons à nos enfants, quel beau cadeau que de leur apprendre aussi cela ! N'est-ce pas un bagage inestimable pour la vie ?

Cela peut commencer par prêter attention aux premières émotions de vos enfants et les aider à les reconnaître… Quelle est cette mimique reconnaissable sur ton visage ? De la tristesse, de la joie ? Faites-les associer, dire, traduire par les mots ce qu'ils ressentent.

L'intelligence émotionnelle, c'est aussi et surtout les rapports aux autres et l'empathie. Les recherches récentes sur la peur, par exemple, montrent que notre degré de sensibilité à ce que vit autrui, à sa détresse, est ce qui nous rend meilleurs. Je l'ai constaté mille fois dans mon cabinet : s'intéresser aux autres, les prendre en compte, entrer en lien avec eux est l'antidépresseur le plus efficace au monde.

Mais l'intelligence émotionnelle, ce ne sont pas que les émotions positives ; c'est aussi savoir reconnaître les émotions négatives. Vous me direz qu'il est plus facile d'identifier la joie qu'un ressenti plus noir. Pourtant, ces émotions sont très utiles. La peur, la colère, l'envie, la honte, la culpabilité sont là pour nous indiquer que quelque chose ne va pas dans notre façon de vivre ou d'être avec les autres, et doit changer.

Avec les enfants et les ados, j'ai l'habitude d'utiliser l'image du chevalier qui arrive sur son fidèle destrier avec un message dans son enveloppe (l'émotion). Il s'agit d'apprendre à ouvrir l'enveloppe et à décrypter ce que vient nous dire le message-émotion. Car l'intelligence émotionnelle se travaille, c'est-à-dire que ce messager/chevalier intelligent, il faut savoir l'écouter. Pour cela, nous devons appuyer sur « Pause », accepter ce qui se passe en nous, et essayer, quand l'océan déchaîné de nos affects se calme un peu, d'en saisir le sens et de le traduire par les mots.

Céline, l'écrivain, disait : « Au commencement était l'émotion, le verbe est venu ensuite pour remplacer l'émotion. » Servons-nous de cette précieuse boussole, connaissons et appréhendons mieux notre monde intérieur, pour mieux nous adapter à celui de l'autre et mieux entrer en connexion avec lui.

J'utilise une autre image avec les jeunes : ils sont aux commandes d'une voiture pétaradante, et ils transportent des passagers (nos émotions et nos pensées). Il arrive que ceux-ci fassent du bruit, se lèvent, et perturbent notre route. Pourtant, nous ne pouvons pas les mettre dehors sur l'autoroute, car il faut continuer à rouler. Il s'agit alors d'être en mesure d'écouter nos passagers et les messages qu'ils veulent nous faire passer… Fuir ou nier ces « passagers émotions » serait contre-productif et leur donnerait, au contraire, encore plus de pouvoir de nuisance.

Car l'émotion, étymologiquement, c'est le mouvement, c'est-à-dire qu'elle est de l'ordre du pulsionnel et qu'on ne peut pas s'en débarrasser par la simple volonté. Il faut donc apprendre à exprimer ce qui nous bouleverse, mais pas n'importe comment. Il ne s'agit pas de « balancer » sur l'autre nos émotions, mais plutôt de savoir les partager un peu plus tard, une fois le tsunami passé, afin d'éviter l'effet prise d'otage d'autrui.

Vous pouvez apprendre à vos enfants, par le jeu, à d'abord gérer leurs émotions en intrapsychique (de soi à soi). Dites-leur que, lorsqu'ils ressentent une émotion forte, il est important de lui donner de l'espace. Pourquoi pas une maison imaginaire dans laquelle ils pourraient se réfugier un instant, ou un tipi d'Indien ? Là, ils pourraient profiter d'un moment pour crier, souffler très fort ou taper dans un coussin.

L'idée, encore une fois, c'est de prendre un temps pour reconnaître cette émotion, car elle est utile, elle est là pour nous indiquer un état d'âme, et elle implique une reconnaissance personnelle de ce qui nous déséquilibre. Une fois cela fait, il sera possible de communiquer à l'autre, par les mots, ce que l'on ressent.

Apprendre à votre enfant à s'exprimer ainsi, de soi à soi, à accueillir le bouleversement, est aussi une façon de le responsabiliser. Il a le pouvoir de se décharger de la charge émotionnelle.

Mais tout cela, et c'est aussi l'intérêt de l'apprentissage de l'intelligence émotionnelle, doit également passer par le corps. Le corps est un allié et un ami ;

c'est même notre plus fidèle compagnon. Juste après avoir ressenti une émotion forte, pensez à lui et aux messages qu'il vous envoie. Les pieds bien ancrés dans la terre, fermez les yeux. Refaites-vous le film de ce qui vient de se dérouler. Que s'est-il réellement passé, non dans votre imagination, mais dans la réalité ? Qu'ont vu vos yeux ? Qu'ont entendu vos oreilles ? Par quoi avez-vous été touché ? Êtes-vous oppressé, tendu, transpirant, triste, excité ? Attendez quelques minutes, et ouvrez les yeux. Vous verrez alors plus clairement les choses.

En prenant l'habitude de revenir au corps quand une émotion vous submerge, vous évitez l'escalade et conservez vos moyens. Ayez bien en tête que nos réactions sont toujours intelligentes puisqu'elles visent à préserver notre existence. Elles sont naturelles. Nous avons été livrés avec. C'est en s'appuyant sur votre corps et vos émotions, en leur faisant confiance, que vous garderez la tête froide et que vous parviendrez à avancer.

L'intelligence émotionnelle permet donc de mieux se connaître, et c'est une compétence absolument extraordinaire. Pour devenir autonome, une personne doit être capable de s'estimer à sa juste valeur. Être un enfant heureux, content d'être qui il est, cela se construit dès la petite enfance. Les études le montrent : l'estime de soi d'un jeune (et même si sa santé, son éducation, l'endroit où il vit ou le niveau social des parents comptent) dépend en grande partie de la qualité de la relation entre l'enfant et les adultes qui comptent pour lui.

Pour être encore plus clair (et je sais que je vais faire hurler certains de mes collègues) : en théorie, je crois qu'il n'y a pas besoin de nous, les psys, car les meilleurs, pour permettre à votre enfant de grandir et d'être épanoui, c'est vous. C'est vous qui êtes là tous les jours à ses côtés. C'est au quotidien, avec vous, que l'enfant apprend à s'accepter avec ses insuffisances et à s'aimer comme il est. Chaque expérience réussie, chaque effort récompensé, si petit soit-il, contribue au développement de l'estime de soi.

Soyez rassuré : nul parent n'est parfait, et chacun a ses loupés d'éducation, ses moments de fatigue ou d'excès… Ce n'est pas grave ! C'est ce qui se passe sur la durée qui va forger les bases de l'estime de soi. J'appelle cela la « force du quotidien et de l'engagement ». On le voit aussi en thérapie : une thérapie qui fonctionne avec un enfant, un ado (et même un adulte), c'est une thérapie régulière, suivie, engagée. Ce n'est pas une ou deux « consultations miracles » qui sauvent. C'est le temps, le travail, la confiance, et même l'amour.

Ainsi, je terminerai en vous disant que si apprendre à lire, à compter, à écrire est essentiel, les compétences sociales et émotionnelles sont tout aussi importantes, mais ne trouvent encore que trop peu de place dans les discours de nos ministres. Pourtant, enseigner aux élèves l'art de reconnaître leurs forces, de gérer leurs émotions, d'écouter l'autre, est crucial. Certes, cela ne fait pas nécessairement des médecins ou des Nobel (quoique…), mais cela permet d'être bien dans ses baskets, de faire sa vie en y trouvant du sens, d'aimer, de créer, et donc finalement de bien travailler.

« Aimer, créer, travailler » : c'était la définition même du bonheur d'après Freud. Freud disait aussi qu'un psy ne peut pas donner la recette du bonheur et que ce qui permet d'aller mieux, c'est l'apprentissage de la confiance en soi. Certes, c'est lent. Un peu comme l'apprentissage du piano ou la musculation. Et on ne peut pas sauver les gens par des recettes magiques. Cependant, on peut les entraîner à faire eux-mêmes l'effort – non pas comme un sauveur, mais comme un entraîneur.

Dans une certaine mesure, je crois qu'au-delà du métier de psychothérapeute, c'est aussi une assez bonne définition de l'éducation et du job de parent.

On essaie ?

## Remerciements

Merci à mon éditrice, Noëlle Meimaroglou, qui de sa baguette magique sait transformer les idées en livres ! Merci à elle d'y avoir cru, merci pour son soutien, son calme, son professionnalisme et son amitié si précieuse et rare.

Merci à toute la *dream team* du cherche midi, Delphine Roché et Benoit André notamment. Vous êtes tellement bons que vous me donnez déjà envie de publier un autre livre chez vous !

Merci aux libraires de ma vie, à Paris comme partout ailleurs en France, de Reims à Hyères, pour vos conseils au lecteur que je suis et votre soutien à l'auteur que je deviens jour après jour… Cette construction lente, heureuse (et parfois difficile) ne pourrait pas se faire sans vous. Merci aussi à nos ambassadeurs de choc, les représentants, sans qui ce livre ne serait pas parvenu à vous.

Enfin, un merci tout particulier à vous, lecteurs, qui me suivez depuis 2012 et la sortie de mon premier ouvrage. Merci pour vos petits mots, sur les réseaux sociaux et ailleurs, que ce soit pour les romans, les biographies ou les livres « de psy ». Votre présence m'est précieuse. J'ai eu grand plaisir à construire ce livre pour vous, et j'espère qu'il vous sera utile.

N'hésitez pas à me dire ce qui a fonctionné, ou pas, ce que vous avez aimé, ou pas… Ou si vous avez vous-mêmes des suggestions de « trucs » qui marchent pour ne pas aller voir de psy !

Mon adresse e-mail ne change pas : valentinspitz@hotmail.com

Vous pouvez aussi me suivre sur les réseaux sociaux *via* Instagram « lauto_psy », et m'y envoyer vos questions et témoignages sur vos enfants de 2 à 18 ans. Ou pour vous-même ! Car vous l'avez bien compris : pour ne pas emmener votre enfant chez le psy, il faut déjà savoir s'occuper de soi !

# Table des matières

*Imprimé en France par* CPI
en juin 2021
N° d'impression : 3043501

Pocket – 92 avenue de France, 75013 PARIS

S31359/01

Composition et mise en pages
Nord Compo à Villeneuve-d'Ascq